吃貨筆記

李韜 著

挖掘「接地氣」的美味

肉夾饃、鼠麴粿、鹽水鴨、棺材板、蟹粉小籠
上班身心俱疲，只好用美食療癒自己

舌頭不夠靈活，吃「泥螺」小心吃盡苦頭？
臺灣經典夜市小吃蚵仔煎，身分竟是「外來種」？
起司控的福音，東方版乳酪「乳扇」製作大公開！

在地美食 ✕ 平價海鮮 ✕ 天然鮮蔬 ✕ 綿密豆腐 ✕ 濃郁香蕈
身邊隨處可見的好滋味，哪裡需要食材多昂貴！

目錄

目錄

目錄

前言：食物與情感的一場相互成就

食物和情感其實在理論上是兩個層面的事情，你看馬斯洛的需求理論，人的需求的初級階段中第一層次就是生理需求，包括對食物的需求。而到了中級需求階段即第三層、第四層之後，才分別出現了友情、愛情和信心、成就、尊重等情感的需求。但是，在實際情況中，食物和情感是很難分開的，因為它們都經由一個主體而展現，那就是「人」。

透過人，食物和情感出現了連結，食物在舌尖上跳舞，情感在血液裡歌唱。食物延續了人類的生命，情感寄託了人類的精神。所以像蘇東坡這樣的大文人，他的情感佳作中，往往閃現食物的光輝。所以，我們自然而然地把評價食物好壞的標準明確為：是否能夠引起人的情感觸動。

這種觸動曾經並且持續地生成美好，而美好的食物和美好的情感是一樣的，不摻雜利益的糾葛，不臣服於世俗的偏見，不表現出任何傲慢和無理。一如三個人頭靠着頭分享那碗陽春麵，它們之所以美好，也是基於它們之間的相互成就。

所以，我記憶深刻的食物，往往都是在口腹之慾外它對我某一點的觸動。而我心目中好的食物必須符合如下的幾個特點：

1. 隨順一個地方的風土。風土是一個地方凝成的整體情感，美好的食物其實都是風土的吟唱，例如香檳帶給我的回味，還比如雲貴川人民甘之如飴的魚腥草，對很多北方人而言簡直是一場災難。

2. 做而有情，情使食美。製作食物的技藝有高有低，然而支撐記憶的依然是情感。我 2015 年去四川丹稜拜訪曹八孃，老人家時年 75 歲，從 9 歲開始做米豆腐，一做就做了 60 多年。那是我吃過的最好吃的米豆腐和黑涼粉，固然有老人家精湛的技藝在其中，然而看到老人家頭髮依然梳得一絲不亂，疊成幾疊盤在腦後，圍裙應該是漿洗過，挺括而乾淨，所有的調味料缸都是舊的，然而擦得發出溫潤的光澤。我在品嘗那些食物的時候，肅然起敬。

3. 吃而有度，發現食材的深度。這幾年我們的物質極度的豐富，食材的廣度達到了前所未有的程度 —— 法國的黑松露、布列塔尼的藍龍蝦、俄羅斯的鱘魚子、日本的熊本蠔、關東參，什麼澳洲龍蝦、波士頓龍蝦就更別提了，甚至都有了普及的趨勢。

我曾經和很多所謂的「美食家」一樣，津津樂道自己所吃過的美味，那些稀有的食材和所謂的頂級奢侈。我是在受邀參加一場藍鰭鮪魚解體秀之後，開始正視自己的內心 —— 我真的需要這種頂級、稀少的食材來滿足自己的虛榮而證明自己的美食品味嗎？我從 2015 年年初開始吃素，一方面有信仰的使然，更多的還是我覺得必須回到美食的最初：那些常見的、平民的食材如何做出有情感的美味？也就是說「食材的深度」應該是美食家研究的終極課題。

我們回到「相互成就」。因為相互成就，所以食物能給予愛。好的食物，不僅需要烹飪者用心，更需要食用者領情。因為相互成就，所以我們能享受到愛。好的食客，不是吃得多、吃得豪奢，而是發掘並理解食物背後的情感，以及那些對自己人生片段的觸動。

我想做一個好的食客，我寫下食物對我的那些觸動與你分享，我想，這也是我能為食物做的一件事情，來表達我對食物言不及萬一的感恩。

豆之精華

● 吃毛豆腐，讓我想起黃世仁

黃世仁，是在我們和我們的父母這兩代人中知名度很高的一個大壞蛋。和現在的文藝作品不同，現在的文藝作品注重於發掘人物的兩面性，所以，看完之後你會完全弄不清他算好人還是壞人，因為分類標準不同了。小時候看的文藝作品不一樣，就是人物的性格或者說是性質是很鮮明的。黃世仁絕對是一個「黃世壞」，他把喜兒逼得父喪家亡，還躲進深山因為缺鹽少陽光成為「白毛女」。

我第一次見大理的臭豆腐，是在大理海東的菜市場。一木板箱一木板箱摞在一起的都是披著厚厚白毛的豆腐，那毛又細又長又密，顏色瑩白，像極了安哥拉的長毛兔。偏偏我又喜歡吃，只不過每回吃的時候，我都覺得自己像是黃世仁。

做毛豆腐需要發酵，離不開菌種。傳統上是在熱天裡把新鮮的板豆腐放些稻草遮蓋著，不多久，豆腐就會長出白色或者微黃的真菌絲，也會發出淡淡的臭味。但是和北京的臭豆腐不同，豆腐本身的顏色除了變成乳黃並不發黑，而且臭味也不濃烈，是那種蛋白質發酵分解的味道。

臭豆腐吃起來的感覺和鮮豆腐比起來，最突出的就是一個「軟」字。這個軟是那種綿而不爛、化而無渣的軟，可是滋味卻濃郁了，完全不像鮮豆腐或多或少會有一點豆腥氣，而是臭裡帶著香，豐腴裡帶著厚重。從性質上來說也很像白毛女得見天日後，內質裡蘊藏著巨大的仇恨而後轉化為高昂的熱情。苦難不是一件好事，但是如果人經苦難而不倒，這樣的人就是堅韌的。芭蕾舞劇《白毛女》把故事的結尾處理成喜兒參加軍隊，申冤報仇後走上新的道路，就非常高明。

我們接著說回臭豆腐。臭豆腐在大理，常見的吃法是烤。一個廢舊搪瓷臉盆，鋪上一層木炭，然後用個方格網眼篹子架在盆上，把毛豆腐一塊一塊放在上面慢慢兩面烤黃，這個過程裡毛就一點都看不見了，然後用竹籤子穿起來撒上乾的辣椒麵和鹽，就可以邊走邊吃了。也可以在平底油鍋裡放一點點油，慢慢地煎了來，豆腐被熱油一激，那散發出的臭味就更足一些了，但是相比湖南的油炸臭干子，那是根本聞不出來的。

我大理的好幾個朋友喜歡吃蒸臭豆腐。在陶鉢裡把臭豆腐攪碎成茸糜，加上煉好的辣子油，上蒸籠蒸透，出籠後再撒上剁細的香菜和蔥花，吃起來就更加綿軟爽滑，回味無窮。毛豆腐也不是上不了臺面，在家裡，我們愛做毛豆腐炒豬血配蒜苗。還是先把毛豆腐煎好，然後把蒜苗切了菱

形段。這個蒜苗不強求用香蒜苗，大蒜苗倒是更能配合毛豆腐的味道。然後豬血切成一寸見方的小塊，最好用開水汆燙一下，把鍋燒熱滑油，撒入切好的薑米和蔥花，把豬血也煎一下，然後撒蒜苗翻炒，最後再下入毛豆腐，共同炒熟，就可以出鍋了。蒜苗的脆韌和豬血的滑嫩、毛豆腐的綿軟在口感上正好相得益彰，而那些擔心毛豆腐有什麼硝酸鹽物質的人，豬血正好發揮解毒功效，也大可放心食用。當然我和當地人都是很放心的，畢竟他們已經吃了 1,000 多年了。

大理的回族同胞也多，他們吃毛豆腐的方式多數是做牛肉湯。把臭豆腐切成兩寸見方的塊，也多用蒜苗作配菜，洗淨切成斜刀段。鍋裡油燒到五六分熱，下臭豆腐慢慢煎成兩面黃，下蒜苗顛翻幾下，然後注入煮好的牛肉湯，再加鹽、味精、白胡椒粉，煮 2 分鐘，出鍋後，再撒上煳辣椒或者另用辣椒麵、香菜作了醬料來吃。

害喜兒成了白毛女的黃世仁是應該被徹底控制的，不過對於愛吃白毛臭豆腐的我，每次去趕集，賣毛豆腐的大娘倒是很喜歡我的。

● 三種豆粉

茹素之後，體重上升，發現自己的飲食結構有些問題。大部分素食者澱粉類的物質攝取過多，而纖維素、礦物質和蛋白質攝取不夠。豆類是素食者的福音，鷹嘴豆、菜豆、豌豆、紅豆、綠豆、黃豆、黑豆……都是很好的食物營養補充。

　　雲南的各種雜糧很多，其中豆類又是「頂尖人物」，當然唱主角的是豌豆。我喜歡在菜市場買回新鮮的豌豆莢，看著胖嘟嘟圓溜溜的青豌豆從自己的手裡滾出來，覺得一種生活的喜悅。用清水洗了豌豆，切小小的雲腿丁，一定要用宣威的火腿，不是為了其他的，就是喜歡正宗的雲南味。然後用油略炒再加水燜一小會兒，就是很好的雲腿豆丁了。

　　這是在家裡。在街上、趕廟會、火把節、三月街的時候，我往往不準時吃什麼正餐，就是尋了豌豆的小吃來不時嘗嘗鮮。我最常吃的是豌豆粉。豌豆粉是將乾豌豆淘洗乾淨，曬乾，磨成豆瓣，除去皮，再磨成粉，過籮篩，篩出細麵入盆兌入清水攪成漿，還要加上少許鹽巴。然後把粉漿上鍋熬製成稠漿，成為稀豆粉，盛入瓦盆冷卻凝固後，翻扣在木板上，蓋上溼紗布，就成為一大坨人人喜愛的豌豆粉了。做好的豌豆粉狀若凝脂，色如黃玉，還有如同豌豆薄餅的豌豆鍋巴皮，一看就誘人食慾。

　　不過，當老媽媽拌好豌豆粉後，你的食慾一定會更加熾盛。豌豆粉的攤子一般都是小平板推車，一邊放著幾大坨豌豆粉或者捲粉，一邊便是不同的調味料罐子，後面是碗筷和老媽媽的一些工具。車前還要放置兩三條板凳，供客人坐了細細品嘗。那些調味料是白醋、薑水、蒜水、碎花生、芝麻油、花椒油、鹽、胡椒麵、紅辣子油，還有切得細細的白蘿蔔絲和綠瑩瑩的韭菜段。老媽媽一邊熟練地將豌豆粉切成薄條入碗，一邊嘴裡說著好聽的大理話：「鹹點？甜點？辣椒葛（可）要？」然後左手托著兩個碗，右手快速地在各種調味料之間運動著，只見小勺忽上忽下、忽左忽右地一番飛舞，隨著客人的回應，一眨眼的工夫調味料就全部加完了，一大

碗香噴噴、讓你流口水的豌豆粉就盛裝出現在你的面前。

有的時候還不是很餓，又覺得走得疲乏，便去喝稀豆粉。稀豆粉就是豌豆粉的前身。敞口大陶碗裝了稠乎乎的稀豆粉，撒了用松枝烘烤的蕎麵薄餅絲，又用脆生生、油汪汪的老油條塊堆了頂，底層瑩白，其上幾分灰褐，再上冒尖的金黃，頂上則是氤氳的熱氣，我只怨自己的胃口小。經過稀豆粉浸泡過的油條、蕎絲，軟軟的，香香的，吃起來非常爽口，吃完了渾身舒暢。

還有一個豌豆的遠親是「雞豌豆」，後來就簡稱為雞豆。雞豆，其實是產自麗江的一種豆子，比綠豆還小，像是雞的小眼睛。豆子磨麵濾漿冷卻成形做成涼粉，就是雞豆粉了。雞豆粉色澤綠灰，像是山西等地的綠豆涼粉，可是又沒有那麼透亮和有彈性，不過味道也是一樣的好吃。雞豆粉可以涼吃也可以熱吃。涼吃可拌醋、醬油、蔥花、韭菜、辣椒麵及大蒜茸、椒麻油，消暑開胃；熱吃是把雞豆粉切成不規則小塊，用平底鍋加油兩面煎黃，再加上調味料，放點韭菜、香菜，味道就香了起來。在潺潺流水旁，木桌上一盆開得正好的水仙，吃一碗雞豆粉，人生快事也哉！

● 老北京的麻豆腐

北京也許是飲食最多、最雜的城市。作為中國最後兩個皇朝的都城和中國的首都，在離我們最近的 600 多年間，北京成為中國人心中至高無上的城市。這環繞護衛中央的京畿重地，也成為各路商家爭相湧入的寶地，

當然也有各地飲食。無論閩粵海鮮還是漠北駝掌，也無論滿漢全席還是傣味小吃，在京城找起來都是毫無困難。

作為自己獨特的飲食來說，北京小吃沒有江南點心那般花紅柳綠、溫婉香甜；也沒有新疆風味那般充滿異域風情，到處散發著孜然特殊的香氣；也不像雲南美食那般充滿自然的馨香，原料多種多樣。然而，北京的小吃除了北京，不可能再有這樣的食物出現，讓人一看到它們，就明白這種食物出身的地方叫做京城。

北京的眾多風味飲食裡，我喜歡的很多。甜的、鹹的、炒的、炸的、軟的、酥的……各種口味都有，不過怎麼都少不了炒麻豆腐。麻豆腐的原料是製粉絲的下腳料，也就是溼綠豆渣。北京以前做粉條的作坊叫做「粉房」，但也有副產品。北方做粉條喜歡做綠豆粉條，把豆子放在石磨上一碾，隨碾隨加水，同時這豆子就分成了三種東西。頂細的成了豆漿，是正品，用來做綠豆澱粉；頂稀的成了汁，即是豆汁；中間一層稠糊凝滯的暗綠色粉漿，裝入布袋加熱一煮，濾去水分，就是麻豆腐。別小看粉房，以前北方粉條的用量是很大的。北京有不少粉房集中的區域。西城區已經拆了的粉房琉璃街就是從明朝綿延下來的粉條生產集中地。這條街曾經發生過驚心動魄的大事。原粉房琉璃街 115 號是廣東新會會館，曾經住過一個意氣風發的年輕人，他把自己的居所命名為「飲冰室」，飲冰室主人就是梁啟超。而粉房琉璃街的西面有一條胡同叫米市胡同，康有為故居就位於這裡的 43 號，這裡本來是原廣東南海會館，是康有為在北京時的住所。

我們說回炒麻豆腐。炒麻豆腐要用羊油，而且還要用羊尾油。正宗麻

豆腐的四種必備原料就是羊尾油、雪裡蕻（又稱雪裡紅）、黃醬、青韭。炒麻豆腐，用羊尾油是為了增加油香，加一些雪裡蕻是為了讓炒出的麻豆腐有筋骨。為了提鹹味和增加豆香氣，要加黃醬一起炒。炒得之後，用勺子在麻豆腐中間挖個洞，中間加入炸好的辣椒油，周圍則要撒上青韭。青韭比普通韭菜細，蔥芯綠，用刀一切滿屋子都會飄著韭菜的香氣，最重要的是燙熟之後沒有老韭菜的臭味。現在不好找了，有的用嫩青豆代替也是不錯的選擇。炒好的麻豆腐，四周浸出一汪黃色的油來，麻豆腐顏色灰綠，微酸帶甜，麻辣清香，很是開胃。

炒麻豆腐雅俗共賞，普通百姓愛吃，有錢人也愛吃，很多人吃得上癮，過往的梨園界名角大人物，也大都好吃這一口。著名京劇大師馬連良先生就是其中的一個，並且還擅於製作麻豆腐。梅蘭芳先生的夫人福芝芳女士也愛吃炒麻豆腐，每至冬季，馬先生常把炒好的麻豆腐親自送到梅家，多是用一個大白手絹提著盆，一進院就喊：「大嫂，我送您愛吃的炒麻豆腐來了。」梅夫人也要到院內迎接，並說：「讓您『費心』了，三哥。」「費心」二字，說得很有分寸，因為麻豆腐本身很便宜，如果說「破費」就不恰當，說「費心」就更能見到馬先生的良苦用心。世事洞明皆學問，人情練達即文章，你看，小吃之所以不小，處處都是學問啊！

● 淮揚好，干絲似個長

我爸媽退休後，一直想找個山清水秀的地方養老，後來舉家搬遷，從

山西搬到大理。搬到大理後一切都很合心意，就連老陳醋超市裡都有很多山西的牌子。唯一沒有的，是山西的豆干和北方的乾黃醬。曾經一年從北京回一次大理的我，帶的主要物品就是六必居的乾黃醬，這個問題後來大致解決。可是豆干確實不好帶，時間一長，其實也就半天時間，豆製品就腐壞變質了。父母總是說豆干的問題，我才終於正視原來「豆干」確實是個「問題」。

等將豆干記在心上之後，我才知道豆干確實也有很多種。一般廠家喜歡從方法上來分類：滷豆干、炸豆干、燻豆干、蒸豆干、炒豆干。滷豆干最常見，豆干的入味依靠滷水滷製；炸豆干比較少，但是也很好吃，因為豆製品還是很「吃油」的，有的地方做的豆干叫「油絲」，就是炸豆腐乾切絲；燻豆干，一般生活裡就叫「燻干」，使用煙燻方法把豆干加工成帶有燻香味的產品；蒸豆干是用蒸煮的工藝入味，最常見的是素雞；炒豆干是透過豆干的炒製，達到複合味道的感覺，比如很有名的齋菜「甜辣干」和素火腿。現在豆干的加工方法都比較複合，多種方法結合製成素魚香肉絲、素鴨子、素牛肉等，倒也比較適合快節奏的生活。

問題是，這些產品還真沒有以前的豆干好吃。雖然那種豆干都很樸素，可是正因為樸素才有豆干真正的美味。山西太原最傳統的豆干是黑而硬的，用醬油和五香粉滷的。大理的豆干都是白干，質地不夠緊密，吃起來韻味不足。我偏愛五香豆干，因為味道比較濃郁。然而，白干也不是不好，關鍵是看怎麼做，白干製成干絲，或煮或燙，都是我大愛的美味。

干絲菜品做得好的是南京和揚州，它們都是我喜歡的城市。干絲菜品

的做法主要有兩種，一個是燙，一個是煮。最出名的是煮干絲，其中最經典的是雞火煮干絲。這個「雞」是指雞肉和雞湯，「火」是指火腿。雞火煮干絲是由清代的九絲湯和燙干絲發展而成的。九絲湯中的「九絲」是豆干絲、蘑菇絲、銀魚絲、玉筍絲、紫菜絲、蛋皮絲、生雞絲、火腿絲、雞肉絲，加雞湯、肉骨頭湯煎煮，美味盡入干絲。後來因原料繁雜，因陋就簡，就多用豆干絲、雞肉絲與火腿絲來作原料，又借鑑燙干絲的做法，反覆地汆燙，將干絲中的豆腥味盡除。做好的雞火煮干絲，干絲潔白，湯汁金黃，味鮮綿軟，鮮美之氣濃郁。

但要說到原汁原味，不像雞火煮干絲那樣輔料的光環太過耀眼，而是純粹以干絲為主角的，是燙干絲。我在揚州，最喜歡的餐廳是揚州老三春中的共和春。富春茶社人滿為患，餐廳不可承其重，故而菜品一塌糊塗；冶春茶社同樣如此，很難精細。共和春最土，現在已變成中式速食店，客人以本地顧客為主，那裡飯菜可口，透著人情味。共和春的燙干絲是開放式作法，能看見服務人員把干絲反覆汆燙，放進盤子裡攪成一個塔狀，然後加上醬油、香菜等調味，步驟簡單，卻又如行雲流水般流暢，勾起食客期待。一嘗，果然不負眾望，干絲的味道很正，被醬油襯托得很好，然後又能慢慢分辨出蝦米的香，和干絲微微的腥配合得嚴絲合縫，最後壓著這個味道的是薑絲的辛香和香菜的異香，在細緻中顯出明豔的潑辣。

吃完燙干絲，漫步走到我最喜歡的揚州園林 —— 个園中，看著竹影婆娑，心中的美好情愫油然升起。

● 把往事釀成腐乳

　　在中國，腐乳無處不在，而且腐乳的發明和豆腐的發明一樣，都是那麼偉大而福澤綿長。有名的腐乳不少，北京的玫瑰醬豆腐、王致和臭豆腐，雲南的路南石林油滷腐，黑龍江的克東腐乳，廣西的桂林腐乳，廣東的水口腐乳，四川的海會寺白菜腐乳等等，當然，還有臺灣的腐乳。

　　臺灣的腐乳常見的有幾個類型：一種是甜酒白腐乳。乳黃色的小方塊，口感綿軟，入口是鮮甜，然後有鹹的感覺，一般都會有發酵過的黃色的豆瓣、清淡的汁液和腐乳相配合。另外一種是麻油辣腐乳。在白腐乳的基礎上，加了辣椒粉和芝麻油，香辣油滑，又有腐乳特殊的香味。還有一種是水果腐乳，常見的有梅子腐乳和鳳梨腐乳，是用白腐乳加了水果，更加清甜，有濃濃的果香。最後一種是紅麴腐乳，就像我們說的醬豆腐。但是這其中，我最喜歡的還是甜酒白腐乳。

　　不管哪種腐乳，總歸要使用豆腐進行發酵，形成菌絲體後再加上滷汁浸泡醃製入味。別看只是一小塊腐乳，卻是手工製作，工序多多，注意事項也不少。首先是選擇豆腐的時候，豆腐的含水量是個大問題。豆腐裡面的水分多，豆腐軟，做出的腐乳不成形；豆腐裡面水分太少，豆腐發乾，真菌菌絲就不好快速生長。一般來說，科學的數據是豆腐的含水量在 70% 左右。豆腐需要使用稻草或者粽葉等引發真菌生長，這個過程需要 5 天左右，溫度必須在攝氏 15 ～ 18 度之間，否則也會影響真菌生長。當直立的菌絲已經呈現明顯的白色或青灰色毛狀後，還要將豆腐攤晾一天，為的是

散掉發酵產生的霉味以及減少豆腐在發酵過程中產生的熱量。當豆腐涼透以後，就成為長滿毛霉的腐乳毛坯，這個時候就可以用滷汁醃製了。再加上米酒、鹽、糖、花椒、桂皮、薑、大豆粒等製成的甜酒滷汁，密封泡製六個月，一罐可口美味的甜酒白腐乳就可以食用了。

欣葉的 Alice 曾經送了我一大瓶甜酒白腐乳，裡面能夠清楚地看見黃色的如同水豆豉的豆瓣和呈小方塊的白腐乳。腐乳本身滑膩如脂，用筷子頭刮一小層下來送進嘴裡一抿，有一種特有的腐乳香，不但並不怎麼鹹還帶著回甜，一頓飯我可以吃兩大塊。蒸魚時抹在魚身上也別有一番風味。

仔細想想，我為什麼喜歡腐乳？因為它像是往事。隨著年齡的增長，有的時候我也開始回憶過去。把往事釀成紅酒，你會享受醇美的香氣，別人也會欣賞你光鮮的生活；把往事釀成腐乳，也許更多的味道只有自己知道，可是卻可以伴你一生，永遠都不會相厭。

● 臭干子

湖南有兩點讓我常能想起，一是嶽麓山；二是臭干子。嶽麓山位於長沙市湘江西岸，山上面有兩個著名的景點：愛晚亭和嶽麓書院。愛晚亭始建於清乾隆五十七年（西元 1792 年），由嶽麓書院院長羅典創建。與安徽滁縣的醉翁亭、杭州西湖的湖心亭、北京陶然亭公園的陶然亭並稱中國「四大名亭」。愛晚亭原名紅葉亭，又名愛楓亭。後來根據杜牧「遠上寒山石徑斜，白雲生處有人家。停車坐愛楓林晚，霜葉紅於二月花」的詩

句，更名為愛晚亭。有一年我去嶽麓山，楓葉正紅，那天陽光也好，從楓葉中透射下來，把紅葉映得半透明，如紅玉一般，我坐在愛晚亭前小坡的一塊石頭上，看了很久。

嶽麓書院與白鹿洞書院、嵩陽書院、應天書院並稱中國古代「四大書院」，也是中國現存最完好的一座古代書院。如今它應該是湖南大學的一部分，是個文脈靈氣匯聚的地方，自是佳處。

湖南有名的還有的就是紅燒肉和臭干子了。臭干子在北京也有不少地方賣，那是真的臭，有的時候路過小攤，朋友偶爾會買一些與我分享，我直接遠離，不是我不愛吃臭干子，是他們做得不對。

臭干子其實是我去湖南的必點菜。喜歡長沙火宮殿裡油炸臭干子那義無反顧的臭，帶著熱氣，轟轟烈烈，自有逐臭之夫如我大快朵頤。

臭干子的臭來源於豆腐發酵。所以這種臭，不是其他的異味，而是發酵的味道。但是臭干子的發酵和北京臭豆腐還不同，它是水豆腐菌絲發酵，相當於雲南毛豆腐或者日本納豆那種。所以臭干子的臭是從內至外的。聽說不良之人弄些臭汁，塗在豆腐塊上也混充臭干子，那是另外一回事了。

臭干子入鍋炸之前，確實也要浸汁。這個汁也有一點臭味，因為是醃芥菜等的汁水，加上豆豉、香菇、冬筍、蝦皮，先用大火燒沸再用文火熬煮出味，然後過濾，加上紹興酒還有以前剩的老滷的底子，放在乾淨的陶缸裡蓋好蓋，發酵幾個月，再出來的就是黑中泛綠的臭香滷了。然後把發

酵好的豆腐切成小塊，泡在滷水裡半個月，就可以油炸了。炸好的臭干子要鑽小孔，把辣椒粉、香油、醬油滴進去，這樣吃的時候味才更足，臭干子才會外面芳香鬆脆，裡面綿軟辣爽。

可惜現今的臭干子，一般都個頭太小，蘸料也是撒在盤子周圍，等你自己去蘸，所以嚼在嘴裡雖然尚且酥脆有加，可是感覺就像隔靴搔癢般不過癮。而那些蘸的臭汁，那是浮在表面的臭，真的是不忍聞，也難以下嚥啊。

● 乾炸響鈴

我是2014年年底開始吃素的，蛋奶素，就是只吃雞蛋、牛奶、蔬菜、水果，不吃一切肉類。以前也斷斷續續地吃過兩次素，每次堅持大約半年，就開始懷念肉。我從不和自己的內心較勁，想吃肉，那就吃。2014年這次吃素，我對肉沒什麼想法了。每天中午在食堂吃飯，那就吃肉邊菜，一早一晚自己做，那就蔬菜豆腐保平安，別人在我旁邊吃蔥燒海參、回鍋肉，沒事，你吃你的，我沒想法。

我也從來不認為吃素就比吃肉高尚，吃素也不應該和宗教畫上等號。在吃素這件事上，或者基於健康的需求，或者基於慈悲的思索，或者基於口味的選擇，無有高下之分。佛教徒因為慈悲而迴避口腹之慾，對治的也是貪念，那是非常高妙的思維模式。但是如果一家素菜餐廳動輒佛像林立、檀香繚繞、施齋唸佛，我覺得並不令人舒暢。推行宗教如果過於執

著，往往會取得相反的效果，甚至有的時候顯得宗教過於世俗化，也不是傳達的完整體系。宗教，應該有自己的道場，而不是依靠一個餐館去做表象的傳遞。

但是吃素會讓人變得相對平和，這確實是個好處。吃虧是福、難得糊塗，這種心態有的時候是非常有意義的，尤其對做生意的人來說。乾炸響鈴這種看似簡單實則美味的菜品背後，也有隱藏的人文精神。

開餐廳的，最願意和氣生財，最怕顧客找碴。故事發生在杭州，故事的主角是豆腐皮。故事是這樣的：從前，杭州城裡有鄰近的兩家餐廳，一個館子生意好，豆腐皮有天賣斷貨了。生意不好的那家餐廳糾集了一些地痞流氓，就到這家餐廳去點豆腐皮吃，沒有就要砸館子。正拉扯間，有一客人出門騎馬絕塵而去，一轉眼馬鈴聲又再度響起，顧客手拿一包豆腐皮給店家，讓他應付這些地痞流氓。事件平息了，餐廳老闆感謝恩人，恩人說我豆腐皮還沒吃夠，你再給我做份豆腐皮就行了。老闆一想，恩人真是快馬加鞭，馬鈴鐺響得那叫一個歡快。於是決定把豆腐皮做成馬鈴鐺形狀，那就不能煮了，只能炸了才能定型。也不能就給恩人吃豆腐皮，怎麼也得來點葷的。於是把豬里脊肉剁成茸，加上雞蛋、鹽、紹興酒拌勻，然後把肉茸抹在豆腐皮上，裹成圓筒形，切成小段，入油鍋炸至金黃裝盤，再配上點蔥花等作佐料。恩人一嘗，咬在嘴裡酥脆帶響，又像馬鈴鐺形狀，乾脆就叫「乾炸響鈴」。

千古名吃就這樣誕生了，我在杭州第一次吃的時候，覺得有烤鴨般的味道。不過讓我糾結的是，我怎麼也看不出來它是個鈴鐺的形狀。糾結了

十幾年，後來去雲南看茶馬古道，看見真正的馬鈴鐺。原來不是教堂裡面的鈴鐺形，就是一圓柱形小鐵桶，裡面有根鐵棍而已。我才終於釋懷了。

● 傷心涼粉

客家，是個很有意思的族群，因為它並不是一個民族，而是漢族的一部分，但是它又非常的神祕。早期的說法是客家起源於福建，但是我翻閱了不少資料，最新的研究認為客家發源於南京。所謂客家人，是指在中國歷史上，因為戰亂、貶謫、經商等原因從中原大規模直接遷徙定居到南方的先民後代，他們現在多定居在閩、粵、贛地區或者旅居海外，形成了自己獨特的文化。歷史上客家先民第一次大遷徙，即「八王之亂，五胡亂華」導致的「五馬渡江」、「衣冠南渡」，其目的地正是當時稱之為「建康」的南京。西晉末年，內外交困的西晉朝廷對北方蠻族入侵毫無招架之力，永嘉元年，晉懷帝使用王導計策，渡江遷都南京。北方士族也隨懷帝渡江，後來琅琊王成為中宗元皇帝，建立了東晉王朝。東晉王朝在北方士民渡江後，在南方設立僑州、僑郡、僑縣，流民「僑而置本土，加以南名」，「客而家焉」。於是在北方流民聚居地建康，「客家」作為一個新興民系正式誕生，並慢慢形成了自己的文化和民俗風情。

但是我怎麼也沒想到，四川是有客家人的，而且有一個客家古鎮──洛帶。在成都周邊，洛帶是我非常喜歡的一個古鎮。洛帶古鎮屬於龍泉驛區，最早建於三國蜀漢時期，傳說因蜀漢後主劉禪的玉帶落入鎮

旁的八角井中而得名。鎮上有 2 萬多客家居民，占全鎮人數的九成，故這裡有中國「西部客家第一鎮」之稱。他們常用一種叫客家話的方言，這種方言裡保存著一些古漢語的音韻，洛帶人稱其所講客家方言為「土廣東話」，與客家方言標準音廣東梅縣話一致，比如穿衣，他們的話為「著衫」、下雨為「落水」等。讓我們這些聽慣了四川話、「川普」的人覺得很有意思。

洛帶的很多飲食，能看出客家人的風格，比如油燙鵝。四川人吃鴨子很多，傳統美食樟茶鴨的食用量很大，但是他們傳統上很少吃鵝肉。洛帶客家的油燙鵝雖然也煙燻，但是基本做法和食材都是濃郁的客家感覺。畢竟生活在四川，所以他們的飲食習慣還是受川菜影響更多，洛帶客家的「九斗碗」的菜式基本已經和四川當地傳統的「九大碗」筵席內容差不多了。而小吃也很受四川影響。洛帶客家喜歡吃的「天鵝蛋」，實際是油炸的糖油果子，來源於四川古時類似的食物「煎堆」，到現在貴州一帶的類似小食仍使用這個名稱。

洛帶最知名的小吃就是傷心涼粉。在四川，涼粉有黃涼粉、白涼粉等很多種類，黃涼粉是用豌豆做的，色澤金黃；白涼粉是用綠豆粉做的，潔白晶瑩。其他還有米涼粉、蕎麥涼粉（黑涼粉）、地瓜涼粉等等。傷心涼粉可以用黃涼粉或白涼粉做。把涼粉切成長條放入碗中，然後加上小米辣、榨菜末、蔥花、辣椒油、豆豉醬、複製醬油、花椒粉、炒碎花生等拌勻即可。

需要說明的是，小米辣一定要多。傷心涼粉，據傳是歷史上湖廣填四

川後，客家人回想故土，邊吃邊流淚而得名，那是真的很傷心啊。而現在，是因為吃下去的時候，會立刻喉嚨冒火，然後迅速躥到頭頂，額頭冒汗，之後再原路返回，經過眼睛時讓你眼淚汪汪，故名「傷心涼粉」，這是「假傷心」，不過，對我等能吃辣之人，是「真過癮」。

●缸裡的豆瓣醬

我是山西太原人，在北京工作將近 15 年，對北京的熟悉程度甚至超過了我生活 20 年的太原。然而戶口很難進北京，拖到小孩上學，實在不能再拖了，太原回不去了，北京又進不來，索性按照自己的心意重新選擇一個城市。還是喜歡成都，於是就一步一步折騰 —— 看小學、買房子、裝修、報名、拿通知書……最先看上的是寬窄巷子附近的房地產，挨著泡桐樹小學和樹德中學，都是熱門重點，我雖然透過人才引進政策落戶成都，然而尚不敢和老成都人拚搶資源，調頭向郊區了。看上了成都地鐵二號線的最後一站「犀浦」，距離市中心公共交通大約 40 多分鐘。當地人一聽，那不好，太遠了，對於我這個住慣北京的人來說，北京出個門動輒都是 1 小時的，於是就定在了犀浦。

犀浦是屬於郫縣的，郫縣是中國最著名的豆瓣之鄉。巧合的是，因為都市化過程，郫縣很知名的豆瓣品牌「鵑城豆瓣」也經歷了一場整體的搬遷。我專門找了那部搬遷的紀錄片來看，看到那一排排的醬缸因為正在發酵的關鍵期而不能搬走，看到那留守的幾個老師傅還在爭分奪秒地每天攪

拌醬缸以趕得上最後的期限將醬熟成，不由心有戚戚然 —— 人和豆瓣都是一樣的啊，脫離故地，奔向迫不得已的前程。

中國古人的開門 7 件事：柴米油鹽醬醋茶，「醬」是生活不可或缺的。各種醬，基本是以豆類發酵而成，郫縣豆瓣醬也不例外。它特殊的口感，來源於三個客觀要素：地利、特產、工藝。

郫縣地處成都平原中部，因得都江堰灌溉之利，水氣豐沛，空氣溼度有利於菌種發酵繁衍。同時盛產胡豆（蠶豆），而且品質特別優良，以它作為主要原料加工製成的豆瓣醬，油潤紅亮，蠶豆特殊的發酵香氣極為濃郁，味道層次特別豐富。而在工藝上，郫縣豆瓣醬用料講究比例，製作方法大體是：將胡豆去殼，煮熟降溫，拌進麵粉，攪勻攤放發酵，其間溫度要維持在 40℃左右。經過六七天長出黃灰色霉，稱之為初發酵。再將長霉的豆瓣放進陶缸內，同時放進食鹽、清水，混合均勻後進行翻曬。嚴格按照「晴天曬，雨天蓋，白天翻，夜晚露」的製作要求，因為表面容易乾燥，必須時常整缸翻攪。經過 40 ～ 50 天，豆瓣變為紅褐，加進碾碎的辣椒末混合均勻，再經過 3 ～ 5 個月的儲存發酵，豆瓣醬就完全成熟，而這期間每天都要攪拌 20 次左右。豆瓣醬也講究陳釀，3 年以上的豆瓣醬簡直是菜品味道增鮮的寶物，而郫縣豆瓣醬也被稱為「川菜之魂」。

其實，在這些條件之中，蘊藏了一個非常重要的主觀因素 —— 人。郫縣豆瓣醬乃至中國的很多傳統食物，都不是靠食材的名貴得占先機，而是靠那些耐得住寂寞，一絲不苟的師傅們一天一天的緩慢累積，創造出這些凝結心力、終成神品的奇蹟。

● 建水的燒豆腐

　　雲南古城建水，是我心中並立的雲南「三朵金花」之一。另外兩朵，一朵是大理，白族風情和蒼山洱海交織，明麗無雙；一朵是騰衝，邊境小城，然而文風鼎盛，北海和溫泉地貌奇特，風景怡人。而建水，是「滇南鄒魯」，保存了大量的儒家文化。建水縣在元代就始建廟學。明洪武年間建臨安府學，萬曆年間又建立建水洲儒學。清代先後建立了崇正、煥文、崇文、曲江 4 個書院。境內人才輩出，明代有文進士 30 人，武進士 23 人，文舉人 288 人，武舉人 29 人。清代有文進士 33 人，武進士 15 人，文舉人 412 人，武舉人 355 人。當時，有「臨半榜」之稱，即雲南科舉考試中榜者中，臨安府就占了半數左右，堪稱雲南之冠，在全國亦不多見。現今建水，城樓上的牌匾是「雄鎮東南」、「文獻名邦」，自豪中透著霸氣。而建水的文廟是中國三大文廟之一，建水的舊名「臨安」歷史上只有繁華如錦緞的杭州有過同樣的稱謂。

　　我最早知道建水，是因為建水的紫陶。建水紫陶是很不錯的陶器，以前雲南汽鍋雞的汽鍋都是使用建水的陶器，做出來的雞肉雞湯鮮美無比。建水紫陶的茶具也很適合泡茶，如果是做了填刻的裝飾，就更加漂亮。可惜這一兩年，建水紫陶炒作得厲害，一把小壺稍微做了一些裝飾，動輒近萬元，我便也就不用了。其實日常泡茶的紫砂壺，也就一兩千元，還是用紫砂壺吧！

　　不過有一樣東西，我還是放不下的，貴也貴不到哪去，就是建水燒豆

腐。建水一到夜間，路邊基本都是攤子，賣各種吃食，燒烤攤子尤其多，烤韭菜、烤雞腳等，人聲鼎沸，尤其是燒豆腐的攤子，總是圍滿了人。

建水本身不產大豆，可是盛產豆腐。做豆腐，最重要的是水。建水的古井甚多，但人們執著地認為西門外大板井的水最好，泡茶、做豆腐都必須用這口井的水。

早上豆腐坊做好豆腐後，第一鍋其實是豆花，豆腐是要榨水的。和北方放在幾尺見方的豆腐木箱中壓榨水分不同，建水豆腐要用乾淨的小棉布包成一小塊，大約一公分見方，放到邊上，榨乾水分，就可以取出來，整齊地放在竹匾或木板上。這個可以直接食用或燒烤了。但是也有人喜歡吃毛豆腐，就是讓豆腐霉變，長出菌絲，然後可以直接燒烤，也可以風乾再燒烤。

燒豆腐是用類似抽屜一樣的鐵皮爐具，下面燒炭，上面架鐵絲網。也有更簡單的，搪瓷洗臉盆上面架一鐵絲網也能用。燒烤豆腐之前，要先在鐵絲網上抹上菜油，這樣豆腐不會黏在鐵絲網上。豆腐燒烤時要隨時翻動，以防烤焦。熟練的師傅們都是直接用手掌輕按在豆腐塊上搓動讓它們翻面。在豆腐被炭火烤得滋滋地冒發熱氣時，豆腐的顏色逐漸由玉白變為嫩黃，體積也膨脹起來，基本會類似一個微圓的豆腐球，結實、飽滿。更誘人的是，滋滋冒出的熱氣在空氣中迅速轉換成一股豆腐特有的香氣，吸引人們不斷上前。

豆腐烤好後，就要拚調味料的水準了。不同攤子都有自己的蘸料配方。但是一般分兩大類：乾粉和溼汁。乾料的基本原料是乾焙辣椒和鹽，

當然加芝麻、碎花生，都是為了提香，各家各顯方法；蘸汁基本原料是腐乳汁，也有加醬油、蔥花、香油、蒜茸、小米辣的，不一而足。

當地人吃燒豆腐，一定用手掰開再蘸料。香脆的外殼裡面是鬆軟的嫩豆腐，最適合吸收蘸料，吃到嘴裡，香氣中蘊含飽滿的汁水，你首先想到的是，啊，趕緊再烤 30 塊，因為肯定不夠吃啊！

燒豆腐，以前只在雲南石屏、開遠、建水、箇舊、彌勒、宜良、昆明等交通沿線流傳。明朝初年即有生產，清末曾被選為貢品。還是本地人形容燒豆腐最到位 —— 脹鼓鼓黃燦燦，四稜八角討人想，三頓不吃心就慌。我現在已經是邊寫，心裡邊想得慌了。

● 且將蠶豆伴青梅

我出生、長大在太原，小的時候應該是不記得太原有蠶豆種植的。不過很小的時候倒是吃過蠶豆 —— 爸爸從上海出差帶回來的「蘭花豆」。初聽蘭花豆，特別感興趣，以為是蘭花製成的豆子。結果打開一看，有點奶油味，還有點細鹽粒子，就是炸過的大豆瓣。狐疑地吃了一顆，好像當年還在換牙，也不怎麼嚼得動，便也不怎麼愛吃。不過倒是認識了個新東西，老爸說，這是「蠶豆」。

我自小對文字比較敏感，其實有點和這個東西較勁 —— 我怎麼就看不出來這個豆子哪點像蘭花或者像蠶？後來翻書，據說比較標準的答案是：蘭花豆，即油炸乾蠶豆。乾蠶豆用水泡發，剝去豆皮黑線部位，或把

蠶豆用小刀割一個口，之後油炸。由於外皮受熱向外張開像蘭花，所以叫「蘭花豆」。蠶豆，元代農學家王禎在《農書》中說：「蠶時始熟，故名。」而明代醫學家李時珍在《食物本草》中認為：「豆莢狀如老蠶，故名。」所以，蠶豆我理解了，蘭花豆我其實還是糾結了很久的：這個胖乎乎肉妞妞的大豆子，怎麼像蘭花了？但最後我是說服了自己：古人的想像力和教育程度就是比我高啊！

後來上學讀書，魯迅先生在〈孔乙己〉中描述了孔乙己吃茴香豆會寫「茴」字的 4 種寫法，同學們的關注焦點都在哪 4 種寫法上，我則一直尋思這個「茴香豆」到底是什麼豆？後來去紹興，專門點了一盤茴香豆，原來是帶皮煮過的醬油味蠶豆，這才放下了多年心中的一段念想。

長大了，在雲南、四川流連多年，後來雖然厝居京師，然而是在一家川菜集團工作，接觸蠶豆的機會就大了，逐漸也愛吃了。要知道，在中國，四川是最大的蠶豆產區，其次就是雲南。四川最家常的蠶豆做法恰恰是最好吃的，因為順時順季。在蠶豆剛成熟時，剝出新鮮的蠶豆，用水煮面而不失形，之後把也是剛剛成熟的青紅辣椒切碎，加油鹽翻炒，表面裹上一層粉質後，將屋前屋後長的新鮮藿香葉子切碎撒入就可以出鍋了。不僅蠶豆的香氣非常濃郁而且還有藿香特有的香味，口感也粉糯無比，令人回味。

但是這種得天地造化的菜品不易得，後來發現了水煮宮廷蠶豆，終於可以一年四季吃到了。宮廷蠶豆其實是浙江溪口產的拇指蠶豆，個頭大如拇指，清朝時曾經作為土貢。蠶豆要先用香葉、八角、花椒等煮製入味，

之後加鹽煮熟。另起鍋，用上好沙拉油煉製蔥油，之後萃取香葉、肉蔻、八角、辣椒、花椒等香料味道，然後燒滾，蠶豆裝碗，倒入滾油，香氣頓時升起，碗盞過處，處處留香。別太著急，等涼一會再吃，粉糯鮮香，各種香味層層顯現，最終匯成一股，令人難忘。

其實說來說去，人生很多事，彼此都暗自勾連。我是山西人，竟然不知北嶽恆山也是優質蠶豆產地，所產蠶豆炸後為當地特產，叫「蓮花豆」也。而我兜兜轉轉，選擇下半生的居住之地成都郫縣，盛產郫縣豆瓣，主料即蠶豆也。

食在豐腴

● 臘排骨火鍋，功比古樂

我是 1999 年第一次去麗江，毫無疑問，追逐著青石板上的雨水，納西族老人迎著朝陽的身影，別處難得一見的靜謐安然，我愛上了它。中間又陸續地去過幾次，開始覺得不對，直到麗江喊出「豔遇之城」的口號，我知道這座城市已經變了味道。

2018 年我因為出差再一次去了麗江，最後悔的事情就是我又去了古城。以後，我應該不會再去了，即使出差，也遠離古城。你眼睜睜地看著一座古城幾千年的靈氣在 20 年的光陰裡被迅速地耗盡，那種無能為力的悲傷無法用言語表達。

如今的麗江，能讓我想起並留戀的除了幾個朋友，就是納西古樂和臘排骨火鍋了。納西古樂不僅聲震肺腑，而且敦睦人倫。聽完納西古樂，

我才真正知道什麼叫做如醉如痴：〈紫微八卦〉富麗堂皇的旋律把我帶入了奇妙的藝術殿堂；〈浪淘沙〉讓我得聞宋詞的高妙之音；印象最深的是〈開經偈〉，那音律甚至可以調動我的氣脈，然後展現出極樂世界的畫卷——美音鳥在空中飛舞和鳴，飛天在天空不斷拋灑光華閃閃的瓔珞珠花，須彌山上的優曇花放射著七彩的寶光，天地間瀰散著八功德池裡金蓮花的香氣。

能把我拉回現實的，就是一鍋熱氣騰騰的臘排骨。孔夫子對我來說已如高山仰止，所以孔先師聞韶樂而三月不知肉味，我卻做不到，在我心裡，如果納西古樂和臘排骨火鍋 PK，絕對是臘排骨水淹七軍啊。

臘排骨火鍋其實在麗江流傳已久，不知為何知名度倒不是很高，可能一般來麗江的遊客都是成雙成對的，抑或單身渴望豔遇者，很少能湊齊一大堆人來品嘗臘排骨火鍋。我倒是每次去麗江都必點臘排骨火鍋。

臘排骨火鍋的鍋子一定要用紫銅的。我不是特別喜歡現在流行的鴛鴦火鍋等等川式的火鍋，一個是因為調味料味濃，食材本身的滋味嘗不出來，另外就是因為那鍋子實在沒什麼看頭。想起小時候吃東來順，最愛的就是那紫銅火鍋，往桌上一放，那麼厚重，於是店家和顧客便都得意起來，連帶說話都透著紅火和豪氣。那火鍋大度，腹中好大一鍋好湯，表面卻不動聲色，就連兩邊的獅頭把手都那麼威嚴，好像銜的不是鍋把，而是午門的兩個大門環似的。等一會兒開了鍋，一掀蓋，那騰起的水氣就讓所有人心裡那麼滿足。

可惜這幾年，紫銅火鍋實在少了，我弱冠之後，也就在北京一條龍吃

過那麼一次紫銅火鍋涮羊肉。沒想到，邊疆之地的麗江竟然保留了這個傳統，所以從我第一次去麗江起，那麗江的紫銅臘排骨火鍋就一直讓我那麼惦記。

臘排骨火鍋的主角當然是臘排骨。我更喜歡一年以上的老臘排，味道足，吃完排骨後連帶還能留鍋好湯。有一次陪一位上海「菁英」一起在雲南的幾個地方轉轉，此人言必稱日本，看在還算同胞的份上，暫不跟他計較。在麗江我們便一起吃臘排骨，人家吃了一口，彷彿被人打了耳光，嘴裡又塞入爛抹布一般的表情，然後又很懷念起日本的烤鰻魚來。我便笑嘻嘻地和他談起了上海外灘頂級餐館的法國黑松露，那松露幾小片便要千多元，料定這傢伙吃不起，就是吃必也心疼得沒有品出來味道，果然，人家臉上便難為情了，最後，我和氣地告訴他，就連日本天皇也喜歡的這個號稱「黑色黃金」的法國菌子，其實是一股經年未洗的床單的味道。人家的臉色便像新臘排變成老臘排一般，逐漸地由蒼白紅了開來。

臘排骨火鍋不是像涮羊肉那般慢慢涮了來，而是除了臘排骨外，還要配粉絲、慈姑、馬鈴薯塊、芋頭丁、白菜段等一起煮，煮好了一起吃。這粉絲必定要用馬鈴薯粉，雖然馬鈴薯粉不耐煮，可是晶瑩透亮，本身也沒有像苕粉、綠豆粉那般有突出的味道，最能襯托臘排骨的香氣。配菜裡最好不要蘿蔔，紅的、白的、黃的一概不要，否則蘿蔔的味道太重和臘排骨不夠融合。但是有一樣東西不可缺少，就是韭菜根。韭菜根真的就是韭菜的根部，是一種白色的鬚狀物，味道辛辣，獨特，在臘排骨火鍋裡面造成降油膩提味的作用，也增加了香氣的層次。

除了平常的菜蔬，有的餐廳也用新鮮的菌子和臘排骨組合成鮮菌臘排骨火鍋。通常選好的黃雞樅、竹笙和松茸，熬出的湯濃白香滑，先喝一碗湯，然後再大快朵頤地吃臘排骨，最後拿個麗江粑粑幫胃裡加個蓋，之後就可以什麼也不做，努力托著發胖的肉腮，連續一個小時地看著太陽回家的路線，那份滿足，就連窗外最平常的冬櫻花也彷彿特別嬌豔溫柔起來。

● 情意似火腿

年輕男女彼此吸引，你儂我儂，往往情話連綿，情意似火。我倒寧肯情意似火腿。不是我俗，愛情如果總是熱情似火，只有兩個結果：一是燒死彼此，耗盡心力；一是熱度慢慢退去，徒留悵然。要真能做到似火腿，恰是中了上上籤。因為不論古今中外的火腿，都是需要長時間才能成熟，慢慢散發誘人的魅力。

中國三大火腿 —— 金華火腿、宣威火腿、如皋火腿，如皋已經勢微。另外兩大火腿我倒都是很喜歡。金華火腿最好的是上蔣村所產，而最重要的是使用了「兩頭烏」。兩頭烏這種豬體形不大，也不甚肥胖，一頭一尾兩頭都為黑色，名字倒很形象。醃製成的火腿，皮薄骨細，腿心豐滿，瘦肉細嫩，紅似玫瑰，肥肉透明，亮若晶玉，配蔬菜則味道清醇，配豆製品則味道厚郁，實在是提味之至寶，美食之精粹。

宣威火腿是雲腿的代表，由當地土豬製成，風味獨特。雲腿講究「四祕」之法：「割祕」，是割腿時講究刀功，必須使用後腿，割成「琵琶」

形，並將油膜剔除乾淨；「醃祕」，是講究乘鮮醃，即所謂「血腿」，血不放盡，也不必乾燥；「藏祕」，是講究保藏，陳腿三年不壞，滋味更佳；「食祕」，是講究各種吃法，尤其具有雲南特色，比如火腿夾乳餅、火腿煮洱海魚等，更有意味的是雲腿月餅，鹹甜相配，香氣雋永。醃好的雲腿色澤不同，顏色紅豔如西班牙火腿的，是使用磨黑鹽醃的；顏色粉紅如義大利火腿的，是使用四川井鹽醃的。

國外能讓我接受的火腿，也不過就是西班牙火腿和義大利火腿。外國火腿和中國火腿最大的區別有二：一是醃製火腿的豬皆肥大；二是食用時皆生吃。西班牙的高級火腿是伊比利火腿，要用黑腳豬。黑腳豬都是散養，再加上這種豬還愛吃橡子，因此肉質不似一般俗物。醃製時要使用海鹽，醃製時間也比中國的長，一般一年半的時間方才成熟。義大利火腿常見的是帕爾瑪火腿，倒是比西班牙伊比利火腿便宜，使用體重超過 150 公斤的豬進行醃製。醃製時除了使用鹽，義大利人還喜歡在腿肉外露的部分塗上以豬油、米磨成的粉以及胡椒混成的脂肪泥，防止火腿乾硬。之後則是熟成的過程，由自然的溫度和溼度變化來熟成，通常時間會超過一年，而越是重的火腿就越經得起久存，風味也就更好。上好的帕爾瑪火腿至少在 9 斤以上，有一層非常厚的皮下脂肪，切成薄片後，香味細緻，口感柔嫩，並不十分鹹，回味豐富。

生吃的外國火腿也不錯，可以直接片成薄片來吃，也可以裹著蜜瓜一起吃，兩種不同的細膩口感交融，卻也很美味。有個藏族弟弟扎西有一次從丹巴幫我弄了一條藏香豬的火腿來，表皮已經有哈喇味（酸敗）了，但

是切開後從內裡剔了肉切片，生吃也很香，用來燉馬鈴薯，立刻化平凡為神奇。

所以，人不是僅僅靠愛情活著。如果逢年過節，你扛一整條火腿給我，我一定感激得涕淚交流，這霸氣，非要吃個幾年才能散去。

● 成為叉燒，是瘦肉的光彩

我好像一直不怎麼能吃「硬菜」，那些大魚大肉的東西，我不抵抗也不欣賞，一切隨緣。生平認為最好吃的是騰衝忠孝寺的素齋 —— 那種現摘的蔬菜帶著大地無可描摹的美妙氣息而和萬物靈長無比的契合。

即便是吃肉，鑑於自己身上肥的部分已經比較多，我也更多地傾向於瘦豬肉或者非豬肉類的肉食。但說實話，瘦豬肉從質感上來說確實比不上肥豬肉。瘦豬肉是了無生趣、枯木依寒岩，而肥豬肉卻是溫泉水滑、凝脂自香豔。香氣上也是如此，瘦豬肉暗自生塵，肥豬肉卻香氣四溢。

純瘦的豬肉要想好吃，我覺得只有叉燒一途。「叉燒」一詞，開始不過是可有可無帶點無奈的借代 —— 把肉用叉子插著燒就叫叉燒。後來卻能夠成為一種製作技法或者味型的混合定義，那卻是「天生麗質難自棄」了。叉燒最常見的還是豬肉，要用里脊肉，基本上是全瘦肉。瘦肉如何才能不柴？必須增加表面的潤澤以及適當地保留內部的水分，但是瘦肉無法像肥肉那樣透過分解油脂產生香氣四溢的汁水，所以必須使用外來的輔助品，因此，叉燒醬就出現了。

好的叉燒醬要用到十幾種原料，一般都有大蒜、五香粉、腐乳、芝麻醬、蠔油、麥芽糖、料酒等，當然也會有色素。色素可以保持叉燒美好的色澤，畢竟美好的食物令人難忘的是味道，而能吸睛的是色彩。傳統的天然色素就是紅麴，生子後可以用來染成紅雞蛋分享給友人四鄰的那種東西，對人體是安全的。

里脊肉分成長條，塗抹叉燒醬，最好醃製兩遍，每遍幾個小時，也可以在叉燒醬裡再添加些蜂蜜，味道會更好。醃製入味的肉條就可以叉烤了，不用叉子也行，叉烤就是為了四面烤製均勻。烤好的叉燒，色澤紅亮，切片後片片勁挺，邊緣紅潤誘人，而內裡又能看到瘦肉清晰的肌理，味道是甘鹹交融，唇齒留香，耐人尋「味」。我也試過加一點陳皮丁一起烤的，味道更是複合悠長，誘人追尋。

除了常見的廣式叉燒，廣東還有一種脆皮叉燒。在廣州塔的小蠻腰之下，有一家新開的炳勝，我是在那裡嘗到了脆皮叉燒。炳勝的脆皮叉燒不是片狀，而是切成長方塊，主要是上表皮是一層薄脆的豬皮，色澤金紅，脆香如烤乳豬皮。中國的美食展現的是既綜合又對比，從質感上是做到了。但是相對來說，脆皮叉燒的油膩程度比一般叉燒大，我還是更喜歡傳統的廣式叉燒。

叉燒系列的除了豬肉，還可以叉燒排骨，除了主材料選用的是豬肋條，其他的都和叉燒肉製法一樣。其實這不過是一種簡單的延伸，我覺得真正的延伸產品是叉燒包。

叉燒包因為使用了叉燒肉，終於「力排眾包」，成為包子類產品中的

一朵奇葩。叉燒包可以說是廣東早茶必選項之一,和蝦餃、乾蒸燒賣、蛋撻並稱廣東早茶的「四大天王」。叉燒包外皮雪白,綿軟微甜,頂部裂口,露出黏稠的醬汁和小塊的叉燒肉,香氣濃郁,勾人食慾。不過叉燒包本身比較甜,可能更適合南方人的口感,或者是在飲掉一盅濃釅的工夫茶之後食用。

● 大理生皮

生皮,準確的應該叫做「白族生皮」、「大理生皮」。直白地說,就是大理地區白族人民吃的生豬皮,白族話的發音類似於「害蓋兒」。一聽這個名字,外地人往往覺得生猛,腦海裡有血淋淋的畫面。確實,我在西藏吃的生牛肉醬,就是和著鮮血的生氂牛肉末,而都市裡人們較為熟悉的生魚片,也是帶著血線的冰冷的生魚肉。

大理的生皮,是火燒豬不再後續加工的豬皮,所以叫「生皮」,其實已經不太生了,我覺得怎麼都有七八分熟。這個吃法來源於他們的屠宰去毛方式。北方有句老話,用來形容有的人沒臉沒皮不害臊,叫做「死豬不怕開水燙」。折射出北方人殺豬褪毛是用開水淋燙豬皮再去拔掉的。大理殺豬去毛,是用火燒的。屠宰好放了血的豬,身下和身上都鋪一層混合松毛的稻草,然後點燃稻草,直至稻草燃盡,整頭豬就變成一塊豬型的黑炭。為什麼用稻草?稻草火力沒那麼猛,不會把豬肉燒成糊的,而且混合松毛,豬肉會浸染淡淡的草木松香。把表面燒結的部分用刀刮掉,再用乾

淨水清洗，豬皮就從黑色變成淡金黃色，瞬間光彩熠熠。這個時候的豬皮乃至於皮下一兩寸，其實都是半熟的。不像烤肉那麼滋膩，又沒有生肉那般血腥氣，質感和香氣都是極好的。

不能等，趕緊製作生皮。其實就是趕緊分割，要選「不見天」的部分。豬身上哪裡不見天呢？肚子下面、後腿裡側。洱源、大理、下關等地方偏愛肚腩皮部分，認為這部分的肉最嫩，切出的肉有些泛白；鳳羽人不同，專門選臀部的「坐腿」肉，這部分的肉最香，而且在燒的時候也屬於重點烤製的部位，切出的肉肥瘦相間，肥的油白，瘦的粉紅，很好看。重點還是皮子，鮮嫩滑爽，色澤誘人。

吃生皮有兩種方式，常見的是直接擺盤配蘸水。有切成小方塊的，有切成細長條的，有切成細絲狀的，也有配了一部分生豬肉片和白蘿蔔絲的，這種吃法，不僅考驗生皮的質感，更考驗調製蘸水的水準。講究的蘸水要選用道地的梅子老醋，配上野花椒、自己做的糊辣子、大麻籽，還有新鮮大蒜末、生薑、香菜、白糖、鹽巴、醬油、山胡椒等調製而成，總之，要求酸、辣、鹹、香、鮮五味調和。用生皮蘸上蘸水一吃，生皮柔嫩細滑，味道濃郁鮮美，頭一次吃的人會從戰戰兢兢到不忍停箸，大快朵頤。還有一種吃法，餐廳裡一般不做，居家是常做的。這就是直接拌好了，把生皮生豬肉絲和大理特有的酸醃菜、萵筍絲、白蘿蔔絲、蔥、薑、蒜、香菜、梅子醋、醬油、油糊辣椒、草果粉等拌勻，略放一會入味就可以吃了。我口味重，覺得這種吃法更好吃一些。

我們在大理的時候，也是有固定的買生皮的鋪子，都是幾十年的老鄰

居，知根知底的。他們的豬絕不會是病死豬，而且都是自己養的，也不是吃泔水長大，是自己配的五穀雜糧圈養的，乾淨衛生。

● 蹄之花

蹄花，蹄子能長出花來，這只能說明這不僅僅是一隻年輕貌美的蹄子，而且一定是吃過之後心裡美成花了。各地的燉蹄花、蹄花湯之類的有不少，有素面朝天的，也有濃油赤醬的，不過，我始終覺得成都的好，因為成都這個城市本身的魔力。

成都是個絕對休閒的城市，這可不是裝的，而是發自骨子裡的一種生活態度，以至於每個到了成都的人連腳步都不由自主地慢了下來。在所有的大城市裡，成都是最為包容的，這種包容展現在社會各個階層都有自己的休閒做法，賺多賺少都可以玩得開心快樂。而我，歷來都把成都當成補充能量的棲息地，其實一碗簡單的廖老媽蹄花就足以讓我能量爆發，精神都來了。

中國的文字很神奇，一隻豬蹄子，原始些的就叫做蹄子，雲山霧罩些的可以叫做豬手、豬腳，反正對於一頭豬來說，手腳區別的意義不大，前後還是有不同的。在武俠小說裡，從佛經裡演化的武功，很多都叫做「×× 金剛手」，取金剛至陽、無所不摧之意。中國傳統文化裡，很在乎「一元論」，即陰中有陽、陽中有陰，並不是非陰即陽，因此，剛柔也是一樣的，至柔者至剛，所以道家說「上善若水」，洪水可以摧枯拉朽，泉

水可以潤物無聲。

廖老媽做的豬蹄子，絕對屬於精神上上升到較高層次而物質表現上貼近普通大眾的那一種。你要一碗蹄花，如果沒什麼廢話，就是家常蹄花。家常蹄花盛在一個貌不驚人的密胺碗（這盛器差點的意思）裡，整隻豬蹄披掛上陣，湯濃稠潔白，表面微泛油光。深沉者都有內涵，用筷子一戳，骨肉分離，連皮都顫顫巍巍，及至入口，雖不蘸料，毫無肉食腥氣，也不油膩，連吃幾口，小骨頭都不吐渣，稍一停頓，嘴唇黏連，而口腔裡香氣連綿不絕。這隻豬蹄子絕對灌注了化骨綿掌的功力，而又如金剛手般迅速摧垮人的意志，讓胃部熨熨帖帖。之後，再把湯汁灌下，連著煮成糊狀的白芸豆，先是瀑布沖泄之勢，後有綿綿集水之功，讓你的胃裡溝溝坎坎都那麼舒服。湯索（我們成都的最佳玩伴）更喜歡加了魚腥草一起燉的蹄花，我嘗了嘗，其實味道也很不錯。

正恍然間，湯索點的口口脆上桌了。是我喜歡的濃郁的麻辣味道，伴隨著川菜特有的油脂散發的香氣 —— 其實我一直覺得香水公司應該向川菜學習，萃取香料的本事川菜是有獨特之處的。口口脆是什麼呢？炸兔肚。成都滿大街的兔頭我是不碰的，那一個個兔頭凹下去的兩個大黑眼窩彷彿控訴著什麼，讓我看著就沒什麼欲望。但是兔肚可是我的喜愛。肉裡面能做成脆嫩的不多，一推鴨腸，二推兔肚。廖老媽的兔肚，大大咧咧一缽，確實片片脆嫩，對得起「口口脆」的名字。

大隱隱於市，很多美食高手都是要去尋找的，而也必定會有一些過人之處滿足你那說大不大，說小不小的蓬勃饞意。

● 肥腸粉與軍屯鍋盔

魯迅先生說過，汗有香臭之分 —— 既有林黛玉妹妹的香汗，也有焦大叔叔的臭汗。如此一類推，這腸子大概也有區別 —— 有的人俠骨柔腸，好比楊過；有的人腦滿腸肥，這就不舉例子了；有的人滿肚子色心，比如西門慶大官人；有的人喜歡吃肥腸，比如當年的李韜我。

肥腸大概也是下里巴人的東西，根據笑林先生說過的相聲 —— 「這肥腸好啊，也叫大腸，就是緊靠肛門的一段腸子……」脫離所謂的精細肉部位太遠，不為菁英階層所喜，加之這肥腸的異味也不小，又要多用辣椒類烹製，吃時滿頭出汗，大概流出來的也是臭汗，所以只為吾輩俗人所好。肥腸類的東西，知名的有北京的滷煮火燒，湖南的肥腸火鍋，山東的九轉大腸，當然也有四川的肥腸粉。

肥腸是下水的一部分，外國人多是不吃的，就是聽見也要搖頭，彷彿貴族看見地痞流氓。不愛吃的也要滿面悲憤，因為肥腸從味道上來說類似於臭豆腐，愛吃的人才覺得香，不愛吃的掩鼻疾走避之唯恐不及。

因為肥腸有異味，所以處理肥腸是個大事。會做肥腸的都是各自有各自的絕活，我所知道的有一種效果比較好，也不難操作。就是把肥腸用麵粉加鹽細細地搓了，再用清水沖乾淨，然後鍋內加了蔥薑飛水，最好再放一些啤酒，這樣處理過的肥腸，不僅異味全無，做好後還濃香撲鼻。吃肥腸粉，不僅在乎這口肥腸，還有粉。肥腸粉的粉一定要用地瓜粉，這樣煮出來才能吸滿香味，又有韌性，還有半透明的晶瑩。四川人熱衷吃粉，講

究的都是現做，稱為「手打粉」。就是和好地瓜澱粉團，稠稀合適，放在漏勺上不能主動流淌下去，必須用手不斷拍打，發出「啪啪」聲，才能從網眼中擠出粉條，進入沸水中煮熟。

吃肥腸粉有個絕配 —— 牛肉鍋盔。四川的牛肉鍋魁，以軍屯鍋盔我以為最好（當然，軍屯鍋盔也有豬肉的、椒鹽的⋯⋯）。這個詞華語發音「軍ㄊㄨㄣ」，實際上我聽當地人發音是「軍ㄉㄨㄣ」。軍屯鍋魁歷史悠久，遠近聞名。相傳是三國時諸葛亮命大將姜維率部在今四川彭州市軍樂鎮休養屯墾、牧馬練兵，「軍屯」由此而得名，今天的鍋魁就是由當年軍中乾糧逐漸演變而成。軍屯鍋盔也叫「酥鍋魁」，又名「酥油千層餅」，推論來看，軍糧一定要耐儲存、冷熱均可食用，故而一定重油，重油才香，而且可以快速補充體力。軍屯鍋盔的製作，和麵要用溫水，少揉多餳，讓麵糰不要過硬，但是要充滿柔韌，具有張力。裡面還要加入一定比例的發麵，混合揉勻。加餡和起酥的過程看起來不像是北方常用的包酥法，更像是回族同胞愛用的「油旋子」法。用剁碎拌上八角、茴香、山奈、花椒、生薑、精鹽、胡椒等香料略煸炒過的牛肉末，塗抹在拉長的麵皮上，滾成長條合口，再捲成旋子壓扁成形，上煎鍋煎烤，最後放進爐膛烘脆。

做好的軍屯鍋盔，金奶油亮，外皮酥脆，牛肉餡味道濃郁，帶著香麻、鹹鮮，一層一層酥脆，夾雜著裡面香味濃郁的肉餡，還有輕微的椒麻感刺激，吃一口肥腸粉，正油辣得過癮，再吃一口牛肉鍋盔，上一股香味還沒有散掉，下一股香味已經蓬勃而至，真讓人滿足。

● 麻補與吹肝

「麻補」是納西語，指的是當地人非常喜歡的一種民族傳統小吃，實際就是糯米血腸。

在麗江，你經常可以看到泛著暗光的石板路旁，潺潺流水的河道附近，有著售賣麻補的小攤。支一口平底鍋，裡面放上少許的油，一片一片紫紅色的像香腸但是又在暗紅裡帶著密密麻麻小點白的食物，慢慢煎熟了，變成黑紅色，透出誘人的香氣。

麻補的做法其實不是很複雜，把蒸到半熟的稻米或糯米趁熱拌上鮮豬血或者蛋清以及薑末、五香粉、食鹽、草果粉等各種香料，緊緊灌入洗乾淨的豬大腸內，封好口蒸熟即成。因製作的方法不同，用鮮血的叫黑麻補，用蛋清的叫白麻補。食用時切成圓片，或用油煎炸，或用甑蒸熱。以前納西人每年冬季殺年豬，幾乎家家戶戶都要做一些麻補招待親友。如果家人在外求學或工作，還要想方設法請人將自家製的麻補捎去。

我們常說，一方水土養一方人。在雲南，因為高原環境對人體的影響，需要大量的能量來滋養人體，才能減小高原對於氣血的消耗。普遍來說，納西人飲食結構中葷食和油脂較多。但是這樣的飲食結構，又容易帶來很多其他對身體的負面影響，而糯米因為耐消化，在提供能量方面非常出色，而豬血號稱「養血之王」，所以，麻補尤其是黑麻補是非常適合麗江的科學食品。在麗江除了黑麻補，人們還十分喜歡吃豬血燉豆腐，也是出於同樣的原因吧！

　　除了麻補，大理、麗江人也愛吃吹肝。吹肝這種食物外地也少見，製作方法有點趣味。我第一次吃吹肝是在大理，不過據說這是一道藏族菜，後來才傳到麗江和大理。吹肝，顧名思義，往豬肝裡吹氣。吹氣的目的是使豬肝擴張，一般使用竹管或麥稈管從膽管中吹入空氣，邊吹邊拍打，使肝臟變大，內部空間增加。吹肝的人需要掌握力道跟技巧，用力過猛，豬肝會炸開漏氣，漏氣了就必須把破開的地方捆紮住。吹好後，再將適量的食鹽、草果粉、辣椒麵和蒜泥用溫開水調成乳狀，如果是大理人做吹肝，一定會加不少白酒，一般用鶴慶乾酒。用湯匙從喉頭灌入肺內，邊灌、邊抖、邊吹氣、邊拍打，約需重複五六次方能灌滿，其餘的佐料塗抹在肝上。肝葉之間用竹片或玉米芯撐開，掛陰涼通風處晾乾。高原的紫外線強，風力大，空氣乾燥，經過一到一個半月左右，即能風乾。做好的吹肝掛在通風處，可以保存一年都不會壞掉。

　　吃吹肝的時候，要洗淨表面灰塵，上鍋煮熟後切成薄片，上面都是密密麻麻的孔洞，加上香菜、熟菜油、辣椒油、醬油、醋、蔥花和薑末等佐料，涼拌著吃。

　　也可以另外調製一碗蘸水，蘸著吃。吹肝口感是比較硬的，但是越嚼越香，回味也很持久。

　　所以你看，飲食來源於生活，而一方水土養一方人，麻補也好，吹肝也好，都是伴隨著高原生活應運而生。它們既有特定的方式來製作，又需要用時間和風土來沉澱。它們承載著雲南人的歲月記憶，裹挾著鄉戀、鄉思和鄉愁，這才是食物背後隱藏著的味道。

● 肉夾饃和涼皮

說起陝西的吃食，那也是很多的。不過風靡北京，且日常經常吃的還屬肉夾饃和涼皮。

肉夾饃，實際上是餅子夾肉。「饃」通常指饅頭，但是在西北地區它也可以指餅子，尤其是不發麵或半發麵的餅子。

肉夾饃這種小吃我估計歷史很悠久，因為相對來說製作簡單，比較容易創造；其次，肉夾饃這個名稱，是古漢語的倒裝句式，是肉夾於饃中，而不是肉片夾著饃。

在陝西，肉夾饃是名吃，而搭配上講究用「臘汁肉」、「白吉饃」。

臘汁肉實際上就是醬燒豬肉，只是燒的時候以醬油著色，不加蔥薑，而以山柰、良薑、砂仁、白蔻、細辛、白芷、肉桂、丁香、大茴香、小茴香、草果等做成藥料包煮熟而成。肉要適當肥一些，因為肉湯裡的油對最後肉夾饃的口感形成很重要。

白吉饃，實際上是個諧音，指「白劑饃」。就是麵粉略發，什麼都不加，揪成劑子壓扁，在火爐裡烤成餅子。但是好的白吉饃，講究「鐵圈、虎背、菊花芯」，指白吉饃白邊毫無火色，內側有一線若隱若現的火色線，火色線形成一個很周整的圓，圓圈內又有火色自然形成的斑塊，很漂亮。也唯有天然去雕飾的白吉饃配味道濃郁的臘汁肉才最好。

吃肉夾饃，一般都當場組合。把白吉饃中間切開到底不切斷，臘汁肉

剁碎，肥瘦各半，然後再淋上原鍋肉湯，切點青辣椒碎，在案板上拌勻，用刀背添入饃中即成。別小看這簡單的食品，吃一口，油潤鮮美，也許別人拿大餐來和你換，你還不樂意呢！不過加青椒是後面的改良做法，以前人們肚子裡沒有太多油水，傳統肉夾饃是加純肉，一點菜都不放的。

　　乾吃肉夾饃似乎還是稍微寡淡些，可以配涼皮一起吃。涼皮起源於陝西，風靡於全國。涼皮是用白麵或者小米麵做的，白麵做的是半透明的白，小米麵做的是不透明的黃。白麵做的最普遍，所以也叫麵皮，很多人看見它像米粉，所以也叫涼皮為「米皮」，其實涼皮中一粒稻米都沒有。

　　做涼皮要先「洗麵」。在麵粉裡加一點鹽，然後加上涼水和麵，麵要和得硬一點，然後一定要餳半小時。餳好的麵，放在盆裡，倒入涼水，只要沒過麵糰底部即可，然後在水裡洗麵。揉到麵水很渾濁了，就把水倒出備用。連續換七八次水後，麵糰縮小，變成很有質感的一團，就是麵裡的精華「麵筋」了。麵筋上鍋蒸熟，氣泡孔明顯、色澤發黃的時候就可以了。

　　洗麵的水沉澱三四個小時，麵水會出現分層。將上層的清水倒掉，留下粉漿攪勻，過篩，去掉氣泡和小麵疙瘩。準備不鏽鋼的長盤，表面刷一層植物油，將粉漿均勻倒入一層。將長盤放在蒸籠內大火蒸，看見粉漿變成半透明的一層即成麵皮。長盤拿出冷卻，揭下麵皮切成長條，放在碗裡。碗裡加醋、香油、蔥薑水、蒜水、辣椒油，然後再加上灼過的綠豆芽，切好的黃瓜絲，蒸好的麵筋切成小丁，淋上和好的芝麻醬，就可以拌勻開吃啦！

我吃麵皮，還是喜歡老家太原的路邊攤，總覺得味道比陝西的還要好。

● 蘇滬的鮮肉月餅

身為一個北方人，我不是特別愛吃鹹鹹甜甜的東西。北方人的性格整體上是比較質樸的，直來直去，雖然黃河也是幾十道彎，可是信天游那是直插天際，明白乾脆。北方的點心，鹹的大致沒有，如果是鹹的，都算作是燒餅類。鹹甜的很少，基本上只有牛舌餅是混合味道。北方人覺得點心應該是甜的，包括傳統糕點 —— 北方的粽子，不是豆沙就是大棗餡的，北方的月餅不是五仁就是混糖，但都是甜的。

我小的時候，最愛吃的月餅是提漿的。提漿月餅外皮比較硬，越嚼越香，有麵的感覺，不像現在的月餅，餅皮越來越鬆軟，沒什麼風骨。太原那時的提漿月餅是老壽星形狀的，餡料好像是青紅絲和糖。後來我接觸南方的吃食，吃到了廣州開記的肉粽，嗯，真的好吃，覺得糯米原來也可以是鹹味的。再後來，吃到了蘇州、上海的鮮肉月餅，嗯，原來月餅也可以是肉餡的。

蘇州的鮮肉月餅我吃的是乾生元的，上海的鮮肉月餅吃的是西區老大房的，就我個人口味而言，我更喜歡老大房的。鮮肉月餅應該是豬油酥皮，裡面是肉漿凝成的餡心。我覺得做肉漿可能是個大學問。問了一些人，說也就是五花肉糜、糖、黃酒、醬油、蛋、蔥薑水、麻油拌在一起

而已，又有人說最好用蜂蜜和澱粉拌在餡裡，肉餡裡加蜂蜜和澱粉，肉汁就不容易跑出來。我個人從味道裡吃到了鮮美濃郁的黃酒味，心想是不是要用陳釀 20 年以上的古越龍山才是王道？

　　鮮肉月餅不怕放，買回來存在冰箱裡，一兩天後想吃了，放在平底鍋裡，也不用油，慢慢煎熱，回了油，加了熱，吃起來更香。

河海之鮮

● 此螺非彼螺

我有個好朋友沈世杰，是浙江慈溪人。在大學讀書的時候，放假去看他，在他們家的老房子裡，他媽媽做了一大桌子菜招待我。記不大清楚了，其中薤頭、海鰻我還有印象，印象深的是黃泥螺。

黃泥螺是寧波的特產，每年農曆三月出產一次，稱為「桃花泥螺」，農曆九月近中秋時也出產一次，稱為「桂花泥螺」。桃花泥螺的螺肉比較多，但是桂花泥螺卻更讓人回味。泥螺產於大海的潮間帶，當泥螺即將收穫時，當地人會約好三五好友，手拿自己用鐵絲繞的小三角網，彎著腰，從潮間帶的一頭直走向另一頭，然後將淺淺的泥用海水涮去，剩下的就是一粒粒的泥螺。

泥螺拿回家後，最怕用自來水沖洗，那樣泥螺容易縮緊肉質，渣子較

多，還是要用海水沖洗，然後將泥螺放進塑膠盆裡，再換幾遍水，不停用手攪動成一個漩渦，泥螺就在這太空失重訓練中吐盡泥沙，更重要的是洗掉黏液。直到水上沒有小的白色泡沫，那就表示黏液已經洗乾淨了。這時不能急著下調味料，要讓泥螺休息一會，這樣牠們才會放鬆警惕，把小足從殼中伸出盡量露出螺肉，不會讓你以後吃真正的「閉門羹」。然後通常會灑一些鹽水，濃度要比海水大，放置一天時間泥螺就已經魂歸天外，這時可以加一些糟油和黃酒將泥螺封在陶罐裡，如果怕壞，最好加一些白砂糖，形成防腐作用，然後過八九天就可食用了。

醃好的泥螺，打開封口，一股鮮香撲鼻而來，罐口有一層薄薄的奶油一樣的東西。螺殼半透明，彷彿黃玉一般，然後最考驗人的時候就到了。雖然泥螺異香撲鼻，可是不會吃的人就如老虎吃刺蝟 —— 無處下口，也有的人一口下去，螺肉和泥沙一起吃到嘴裡，苦不堪言。吃泥螺要先把泥螺含在嘴裡，用舌頭一吸一轉，將螺肉吃入肚中，螺殼和沙囊吐在碟裡。

當天晚上就住在阿沈家裡，是二樓的房間，躺在老木床上，看著屋頂上鑲嵌著一大塊貝殼燒的半透明的明瓦，他在旁邊說著話，木樓梯上偶爾有家養黃狗磨牙的聲響，不知不覺就睡著了。

其實在北方，人們也經常吃炒田螺作為宵夜，可是與泥螺卻完全是兩種東西。田螺就是螺螄，是淡水、稻田裡的東西，而且也背著螺旋形的殼，不像泥螺是像蛤類般長團型的兩小片。田螺通常要用辣椒和重油來炒，才夠有滋有味。這其實是個有意義的生活啟示：泥螺在有生之年受海潮沖刷，頗有點經過風浪的意思，可是身後便只要淡鹽薄酒就厚味濃香；

而田螺生前在農田中過得風平浪靜，可是身後卻要水深火熱，油裡來火裡去，人們對牠非要濃油赤醬仔細炮製了才肯罷休。

我後來住在大理，喜歡吃涼拌洱海螺，最喜歡當時一家叫做「蒼洱春」的餐廳做的，不過後來聽說老媽媽傳給了兒子，似乎慢慢就不做了。據《新纂雲南通志‧物產考》載：「田螺……又剔其尾之黃，滇名螺黃。可入湯饌，味美。」洱海裡土生土長的螺並不大，也不像福壽螺那般會甩粉紅色的子，是非常乾淨和安全的。韭菜炒螺黃，也是滇味名菜。

說了這麼多，口乾舌燥，直到喝水前才想起要給泥螺寫段家譜。也罷，就補上了吧：泥螺，俗名黃泥螺，也稱「吐鐵」。殼脆薄，呈卵圓形，白色，表面有螺旋狀環紋。《海味索隱》載：「泥螺出南田（島）者佳，梅雨收製。一作吐鐵，冬吐舌銜沙，沙黑如鐵，至桃花時鐵盡吐，粒大脂豐無莖，乃佳，為桃花泥螺。一作吐，八九月不復食泥，吐白脂，晶瑩塗上，其所產稱桂花泥螺，略遜。」肉可入藥，《本草綱目》載有明目、生津功效。醉泥螺味極鮮香脆美，古人曾有詩贊曰：「次第春糟土冰儲，舟移萬甕入姑胥。安期寫罷神仙籙，酒墨都成蝌蚪書。」

● 蜀中三魚

美麗富饒的成都平原南部，古屬眉州，今日眉山，下轄彭山、新津、雅安等諸縣。這三個地方我記得清楚，因為彭山盛產我很愛吃的枇杷，新津有肥美的黃辣丁（黃顙魚），雅安有蒙頂山，產上好的蒙頂甘露和蒙頂

黃芽，雅安還特產雅魚。眉山市內倒沒什麼特別有名的特產，可是它養育了蘇東坡。

眉山市內的三蘇祠，是蘇門三父子的故宅。中國紀念性的建築，基本上是獨享的，而像三蘇祠這樣同時紀念三位的還很少見。沒辦法，這蘇家一門三學士，父子兄弟是分不開的。眉山的先賢除了文聲甚高之外，還多長壽。彭山據說得名於彭祖，這老人家一口氣活了 800 多年，應該是肉身長壽第一人。不論聰明還是長壽，按現在科學研究，多吃魚都是絕對的重要原因之一。

蜀中多山川，古代，山為蜀道難，且不說它。而水本也時常泛濫，自從有了都江堰分流，加上樂山大佛那麼一鎮，倒是好了很多，益發灌溉的成都平原肥沃豐美。而樂山的岷江和青衣江裡，出產中國最好的江團。

江團魚（長吻鮠）表面無鱗，顏色上白下灰，頭大有鬚，身肥肉厚，眼睛晶瑩如珠。我總覺得江團是個有點仙氣的東西，不喜歡見陽光，整天待在十幾公尺深的江底，和暗流搏鬥，餓了就吃點青苔，簡直是魚類中的隱者。馮玉祥愛吃的是清蒸江團，就是把江團和火腿片同時蒸了，重在滋味融合，湯鮮味美，馮將軍吃過之後贊曰：「四川江團，果然名不虛傳。」我想起來，後來有位偉人在長沙吃了臭豆腐，也說了類似的話：「火宮殿的臭豆腐，還是好吃。」既然大人物們如此，我等也要吃過之後不吝美譽才好。

不過我愛吃的是江團獅子頭。從我個人的口味來說，我比較喜歡淮揚和徽州菜，而淮揚菜裡的獅子頭是一絕。可惜這幾年很少吃到真正形如獅

頭、入口酥爛的獅子頭了，常見的整個就是一豬肉大丸子。第一次吃江團獅子頭是在眉州東坡酒樓。

這家酒樓做的是蘇東坡的家鄉風味，但是也不乏推陳出新。江團獅子頭使用江團肉泥做主料，加些豬肉丁反覆增加力量，做好的丸子雪白瑩潤，而且入口軟爛，味道鮮美。最棒的是江團獅子頭的配色，雪白的獅子頭漂浮在綠色的湯汁中，別小看這個湯汁，是用一定比例的豌豆和青豆茸加了上好的雞湯做成的。獅子頭上還點綴一小撮橙紅色的蟹粉，而整個獅子頭是放在白瓷的小盅子裡，配了鍍金的架子，下面是跳動的紅藍色的火苗。這道菜的色彩，真的讓人想起青翠的岷山中清澈的江水，以及嬉戲其中的江團，那種美味是口感上的，更是心靈上的。

除了江團，雅魚也是赫赫有名的，是雅安「三絕」── 雅魚、雅雨、雅女之首。雅魚裂腹紅尾，形似鯉而鱗如鱒，和江團一樣，性喜高潔，水質一旦不清澈雅潔，雅魚即或遷或亡，絕不妥協，比江團隱者般如空谷之幽蘭更多一分慘烈。這倒讓我想起春秋時代越王勾踐的王后也叫雅魚，在勾踐臥薪嘗膽的日子裡，雅魚以聰慧賢德和丈夫榮辱與共，面對吳國堅貞不屈，終於犧牲，就是不知道，是不是雅魚的一縷芳魂終於寄託在這魚兒身上？

吃雅魚，一半是為了雅魚身上的寶劍。把雅魚和松茸片一起燉到湯色白如乳，撒點精鹽，就可以吃了。千萬別放蔥花什麼的，那是對雅魚的侮辱。雅魚的清湯，那份鮮美，好像海外仙山最高處，瑤池水滋潤的那一朵靈芝帶著仙氣一樣在你的舌尖化開，你不想說話，只想安靜地回味那一刻

如風逝去的感覺。喝完湯，就可以吃肉了，雅魚的肉細膩如沒有成形的玉石，我想這大概就是古書上說的「飲玉乳而登仙」的玉乳了吧。不過魚頭可不要輕易下嘴，輕輕地剝離魚肉，從頭骨裡小心地摸索，慢慢地一把晶瑩剔透的小寶劍閃著光華呈現在你的眼前。這把天堂寶劍，是女媧的神兵，也許這偉大的造物之神，是擔心雅魚而特別賜給它的。所以得到這把小寶劍的人，都會很鄭重地把它包好隨身攜帶，為今後塵世間的跋涉平添了一份安寧與勇氣。

相比江團和雅魚，黃辣丁算是四川比較常見的了。不過據我新津的同事說，新津黃辣丁是最好的，而當地人也把牠叫做「黃鴨叫」。這倒是很具體，黃辣丁體色黃綠，光滑無鱗，據說和兔子性格很像，兔子急了還咬人呢！黃辣丁急了就大叫，而且叫得不好聽，類似於鴨子，嘎嘎嘎的，所以在北方也叫嘎魚。可是我心裡還是有點懷疑的，北方的嘎魚能長到近 20公分，可是黃辣丁就很少見到大個的，都是小巧玲瓏，一個人一次吃 10條魚沒問題，那麼就算是近親吧。

別看黃辣丁小，牠可是真正的凶猛動物，牠偏愛肉食，所以身體脂肪含量高，肉質就特別鮮嫩滑潤。當地人當然是愛吃辣的了，通常的做法是泡椒黃辣丁。我卻更喜歡在北京王家渡火鍋店裡，用番茄鍋底涮了吃。番茄鍋底，湯色紅潤，看著就充滿食慾，而裡面又放了川滇特產的一種馬鈴薯，比北方的小很多，可是澱粉含量特別高，所以讓整個番茄湯嘗起來濃厚鮮美。而黃辣丁都是活殺的，一盤子直接倒進去，頑強的黃辣丁還在鍋裡跳動，趕緊蓋了蓋子，等到表皮泛了白，就可以撈出來品嘗了。我都是

直接吃的，不蘸什麼小料，為的就是那番茄的甘美和黃辣丁的鮮滑那種不可多得的交相輝映。不過朋友們吃了王家渡火鍋的一種小料，是用 5 種穀類特製的，那個滋味也非常相配，穀類的沙和魚肉的滑是一種質感上的完美對比，而穀物的清香又不掩蓋黃辣丁的鮮香，反而使其更有層次，有種芙蓉帶露次第開的感覺。

人們時常緬懷眉州三蘇，我卻總是想起蜀中三魚。吃完了，趕緊去「轉朱閣，低綺戶」，卻見「大江東去」，頓生「十年生死兩茫茫」人生常西水朝東之感。

● 六月黃

我是個北方人，有證據，證據就是我不怎麼愛吃螃蟹，如果是南方人，看見螃蟹早就撲上去了。我主要是不能發現螃蟹的美，但是如果做得味重，我還是很喜歡的，比如上海的毛蟹炒年糕，香港的禮雲子蒸蛋。最主要的是吃整隻螃蟹太麻煩了，我特別佩服那些一隻 3 兩重大閘蟹吃 3 個小時的人，而他們吃完後還能把殼腿擺回原狀，這絕對稱得上是「奇技淫巧」。

不過清蒸螃蟹裡，如果用的是六月黃，我還是可以吃一兩隻的。中國人對食材的喜好是兩個極端，要不是特別老，比如十年陳放的豆瓣醬，就是特別嫩，比如小乳豬。事實告訴我，有些嫩的原材料確實給人不一樣的驚喜。比如小嫩豆，是未長成的蜜豆種子，帶著原始的還在萌發的嫩意，

在口腔裡仍然顫顫巍巍的，彷彿觸碰即碎的試探，帶來不可思議的植物的氣息。動物裡面最出名的「嫩模」大概就是乳豬，不過我總覺得好像又有點太過殘忍。倒是六月黃讓我念念不忘。

六月黃就是還沒有完全長成的大閘蟹，等不及秋風起，人們就把小蟹拿來食用，可以油醬蒸，也可以掛麵糊炸。我還是最愛清蒸。其實真到了螃蟹成熟時我倒未必那麼渴望。從小在北方長大，習慣了直來直去的飲食，擺弄半天吃到嘴裡不過蛋黃般大的東西的大閘蟹，對我來說不如一塊充滿鮮美肉汁的牛排或者一條表面烤得黏稠如蜜糖的河鰻。六月黃是個例外——牠有那麼美妙的、流動的黃膏啊，鮮美得妙不可言。就算吮指出聲，那油潤的黃色仍然流連在指間不會輕易褪去，用年輕的生命迸發的鮮美能讓最挑剔的美食家都沉默不語，回味恬然。

六月黃還有一個好處——無須使用「蟹八件」。那一堆的小錘子、小剪子、小撬子、小叉子、小勺子……只適合菊花黃了做「雅集」。烹煮菊花有點焚琴煮鶴的惡俗，便約了好友，蒸一籠大閘蟹，看著菊花滿園，慢慢熱了花雕酒，大家邊說話、邊聽曲、邊看戲，一邊慢慢整治那些螃蟹。這不是為了吃，這是為了「雅」。雅事之所以為雅事，其中之一的因素是不可時常為之。在平常，我最佩服之一的就是某某吃一隻螃蟹用時兩小時，且殘餘物優美無比，絕無狼藉之感。這種心無旁騖，一念不亂的境界，一直是我在唸誦經文時追求而不可得的。

六月黃的皮殼還軟得很。輕咄即爛，又不會渣子滿口。用力一吸，膏黃滿嘴，油潤香嫩。突然想起小時候的神話故事，妖怪們總是樂於蒸些嬰

兒來吃，大概道理和吃六月黃差不多。一時間覺得自己嘴裡的牙也長了起來，齜出唇外，不由「邪惡」地笑了。

● 膠東四大拌

山東是魯菜的故鄉，在魯菜之中別有風味的就是膠東菜。膠東為半島，三面環海，小海鮮種類非常豐富，而我尤其喜歡其中的「四大拌」。

膠東四大拌，最為常見和經典的是溫拌海參、溫拌海螺、溫拌海蜇、溫拌海腸。先不管主料，都有同樣一個詞 ——「溫拌」。溫拌是涼菜烹飪技法裡很特殊的一種，是把原料氽燙熟，趁著溫熱即要拌入調味料，也是趁著溫熱就要食用，才能品嘗出溫拌的好來。為什麼要溫拌？一般使用溫拌技法的菜品原料都是加熱放涼後會散發腥臊氣的，聰明的中國廚師們就發明了溫拌的技法。

先說海參。海參挺有意思的，在中國，比較看中牠的保健養生功效，海參可以大補益氣，功同人蔘，又生長在海洋之中，故名「海參」。而西方人雖然精確地驗證出海參膽固醇為零，而且確實有很多對人體有益的微量元素，可是他們仍然不能接受海參醜陋怪異的外表，不僅不吃海參，而且看到海參表面小的肉刺突起，有點像黃瓜，給海參起了個比較形象但是不體面的名字 ——「海黃瓜」。溫拌的海參，肯定就是鮮的遼參了，切成小段，口感不像乾參發製後那麼黏糯，而是帶著脆嫩，有著溫熱刺激蔥薑和醬油散發的溫和香氣。

　　還有海螺。海螺其實種類很多，但對於我這個山西人來說不太認得，對海螺的第一印象其實是小時候家人告訴我用空的螺殼罩在耳朵上面，聽到類似潮汐迴旋沖刷的聲音，說那就是海的聲音。後來我信奉了藏傳佛教，其實學佛法是假的，倒是對藏文化很感興趣，發現藏傳佛教的八寶之一就是美麗的白海螺。藏傳佛教尤其崇拜世間稀少的右旋海螺（螺口的旋轉方向為順時針），用牠代表佛法在世間的妙音。我卻愛吃海螺肉，確實有點焚琴煮鶴啊。溫拌海螺口感脆嫩細膩，鹹鮮適口，帶著海螺肉特有的鮮甜，既是非常不錯的下酒菜，又老少皆宜，怪不得被稱為「盤中明珠」。

　　神奇的還有海蜇。在寧波，我曾聽當地的老人講過一段關於海蜇的海上傳奇。有一年海上有大風暴，風暴過後，大家看到海面上逐漸浮起大大小小的海蜇，大的直徑有一、兩公尺。人們都為這大海的恩賜感到高興，捕撈得不亦樂乎。突然海水一陣翻滾，又出現了一隻大海蜇，直徑有六、七公尺，大家都驚呆了，老人們都驚呼「海蜇王」。海蜇王帶著剩下的大大小小的海蜇開始向遠方游去，有不知厲害的漁家試圖把海蜇王捕獲，海蜇王射出幾根毒刺，被射中的漁家渾身腫脹，不久就死去了。這段傳奇給我留下了很深的印象，尤其是我從那十分難懂的寧波普通話中拼湊出這個故事，已經頭暈腦脹。但這絲毫不影響我對海蜇的熱愛，因為牠實在是太好吃了。當海蜇變成一盤菜後，海蜇的身體部分稱之為海蜇皮，而牠的觸鬚稱之為蜇頭，蜇頭的味道和質感更佳。溫拌海蜇一般用的都是蜇頭，調味料除了醬油、醋、鹽之外，最重要的是中國黃芥末。中國黃芥末一定要

用開水拌，還要在一定的溫度下掩蓋幾個小時，這樣黃芥末才夠衝、夠勁。拌好的海蜇，脆韌爽口，芥末味道濃郁，開胃而過癮。

不能忘的是海腸。網路上說海腸就是沙蟲，其實是兩回事。海腸是膠東海域的特產。據古書中記載，人類很早就已經開始食用海腸子，據說生活在海邊的漁民，常把海腸子晒乾，磨成粉末，做菜的時候就放點進去，會使菜餚更加鮮美，這可比今天的味精安全和美味多了。溫拌海腸突出的是海腸的鮮、脆、嫩，蔥香和蒜香交織，在口腔裡縈繞不絕。海腸除了是一道美味，還具有溫補肝腎、壯陽固精的作用，特別受男士的青睞。

● 酸湯魚和波波糖

貴州其實不乏美食，比如黃粑、絲娃娃、紅油米豆腐、八寶甲魚、竹筍燉羊肉、烏江豆腐魚等等，要小吃有小吃，要大菜有大菜。然而，名聲在外，餐廳開得也比較成功的是貴州酸湯魚。

酸湯魚，酸湯魚，首要的是酸湯。先說說貴州為什麼喜吃酸。中國的飲食口味特徵大體上可以分為「南甜北鹹，東辣西酸」。這其中的「南」，大體指中國長江以南地區，例如江、浙、滬等地，在飲食習慣上比較偏愛甜，像上海不論做什麼菜出鍋前一律撒把糖。「北」大體上指中國長江以北的地區，例如山東、河北、東北等地，你看山東的蝦醬，真的可以鹹死人。「東」大體上指河南、山西和巴蜀之地，不止四川人能吃辣的，河南人愛吃胡椒粉提出的辣，山西的燈籠紅辣椒是出口的。這個

「西」大概說的就是雲南、貴州、廣西等地。他們愛吃的酸和山西人吃的酸不同，不是用醋，而是來源於酸性水果或者發酵。山西人吃醋的目的主要是為了軟化食物和飲用水中較硬的礦物質，而雲貴等地喜食酸主要是為了應對氣候對人體的傷害。尤其貴州地區氣候潮溼，多煙瘴，流行腹瀉、痢疾等疾病，嗜酸不但可以提高食慾，還可以幫助消化和止瀉。故而貴州有「三天不吃酸，走路打躂躂」的俗語。

酸湯魚的酸湯產生的根源也是如此，但是酸湯的製作就頗有講究了。貴州酸湯主要分成三大類，一類是肉類發酵漚製成的酸，比如魚酸、蝦酸、肉酸；一類是蔬菜豆腐製成的酸，比如豆腐酸、毛辣果酸；一類是麵湯、米湯發酵製成的酸，有點像陝西的漿水。

這其中最著名的就是毛辣果酸。毛辣果在貴州常常被寫成「毛辣角」，但是「角」發「果」的音。毛辣果就是野生小番茄，形狀近似於圓球形，不像聖女果是長橄欖形。毛辣果酸湯的製作實際上就是毛辣果的發酵過程。通常是將新鮮野生毛辣果洗淨，放入泡菜罈中，再加入仔薑、大蒜、紅辣椒、鹽等調味料，還要放入糯米粉，這樣發酵的才好。為了怕發酵遭受其他細菌的影響，導致口味腐壞，還要加入白酒，之後要至少發酵15天，才能取用。使用時要把發酵的毛辣果剁碎，再和其他調味料一起熬煮，做好的酸湯色澤紅豔，酸味醇厚，有濃郁的發酵味道。

為了減輕這種發酵的臭味，正宗的毛辣果酸湯魚裡要加一種別處少見的香料——木薑子。木薑子也叫山胡椒，口感清涼、微辛，是很好的香料，又有開胃健脾的功效。可以放在酸湯裡一起熬煮，也可以和烤辣椒碎

等一起放在碗裡，用滾沸的酸湯一淋，製成蘸水。有了好的酸湯，加上豆芽、豆腐、香蒜、香菜、酸菜等輔料，再加一條鮮活的好魚，用這樣的酸湯做出的酸湯魚，肉質特別細嫩，湯頭味道並不會特別的酸，而是有一種奇異的酸香，讓你的味覺特別的靈敏起來。

貴州酸湯魚以當地的苗族同胞做得最好，味道最為濃郁。這幾年酸湯魚紅了之後，很多地方都做，但是滋味不夠。有一次在北京我和玥翎、Cathy、張馳小聚，喝茶前去吃了雲海肴，點了一鍋酸湯魚，覺得味道不濃，跟服務員一說，服務員直接去廚房裡給我們端了一碗酸湯。我們都直接用勺喝，一邊喝一邊說：「怎麼還不夠酸啊？」服務員頓時垮了：「這是原湯，我們廚師都喝不了，覺得酸，其他顧客就更不行了。」我們 4 人對看一眼，那就這樣將就吧。我猜想，那個服務員的黑色服務經歷中會有我們這一筆。

對於遊客來說，酸的吃多了，總想調劑一下口味。苗族同胞們還有一種小吃，味道就甜得多了，那就是波波糖。波波糖是用糯米加工的飴糖和去皮炒熟的芝麻粉、豆粉做成的。做好的波波糖是球形的，但是層層起酥，色澤淡黃，味道不會過分甜膩，是香甜酥脆的感覺，尤其是吃完酸湯魚，來幾個波波糖，真的是很爽快的一件事。

波波糖因為是以飴糖為原料的，又有芝麻和黃豆輔助，故而營養豐富，而飴糖經過麥芽酶的作用可變為葡萄糖，直接進入血液，有潤肺、止咳、化痰和助消化的作用。

波波糖為什麼叫這個名字呢？是因為這種以前苗族王宮中的宮廷小

點，看著簡單，實際上要經過發、榨、熬、扯、起酥等十幾道工序，做好後一個個潔白的酥糖就像春風拂蕩的層層波瀾，故名為波波糖。

酸湯魚的酸，波波糖的甜，大美貴州，就在這對比的味道中。

● 海中烏金

康熙年間成書的《諸羅縣志》是臺灣第一本正規的縣誌，分成很多的篇章，其中關於物產，有「烏金」一項。這個烏金，實乃今天的烏魚子是也。

烏魚的學名是「鯔」，俗叫烏鯔、烏頭。烏魚是海水魚，也可以在淡水中生存，本來是很常見的魚種，正是因為母魚的卵可以製成烏魚子，就變得很名貴了。

好的烏魚子價格不菲，但我了解烏魚子的金貴，更在於它的美味。這等美味得來也不是很容易的。首先要看大海的恩賜。烏魚可以人工養殖，一樣可以得到肥大的烏魚子，甚至香氣上還要更濃郁一些，可是老食客總會覺得它比野生烏魚的烏魚子要遜色一些。差別在哪？我想主要是質感。野生烏魚子要更為彈、軟、耐嚼，還別有一種海洋之氣。接下來，要看烏魚子的加工技術。其實技術也還是其次，得看捨不捨得花那個時間。傳統製作烏魚子，要先把魚卵漂清，除去附帶物，再細細地擠去血水，而不能破壞魚卵的形狀，之後要用鹽漬 5 小時左右，然後再用清水浸泡，脫去部分鹽分，又需要幾個小時。然後把烏魚子放在木板下壓去水分至一定

程度，把它壓為扁平形，再取出整形、整理，用麻繩紮好，掛起來日晒晾乾，均勻接受陽光脫去水分，這又需要幾個小時，製作烏魚子才算大功告成。而現在也有用機器快速烘乾的，那味道自然差了很多。成品後的烏魚子呈琥珀色，晶瑩剔透，豐美堅實而軟硬適度。其實，從顏色上來看也是可以挑選烏魚子的。烏魚子一般是 4 條來源管道：第一條管道為美國、巴西、澳洲等地進口，以捕撈野生烏魚做成烏魚子居多，外形並無一定規格；第二條管道為苗栗、彰化等縣市的陸上人工魚池，以海水養殖烏魚，取得的烏魚子外形較寬且短，整批貨的色澤均一，偏暗紅色；第三條管道為彰化到臺南的沿海海域，以海上箱網養殖烏魚，養成的烏魚子外形較寬且長，色澤不同；第四條管道為隨海潮洄流的烏魚魚群，以冬至前後 20天捕撈的烏魚最肥美，烏魚子品質也較佳。烏魚子的顏色由淺入深，外觀呈橘黃色，油脂成分約 50%，香氣最低，之上，就呈現橘紅色，再之上，褐紅色，油脂成分 80% 以上，香氣就比較高了。如果外觀呈深褐色，油脂成分接近 100%，那就是俗稱的「血子」，香氣最高，產量非常稀少。

最後，最重要的，還要找到一個會烹製烏魚子的人。烹製烏魚子倒也不難，最好的方法是用酒來燒灼。講究的要用臺灣金門高粱酒，先把烏魚子除去表膜，然後用酒浸泡幾分鐘，夾起烏魚子，直接點燃白酒進行燒灼。燒灼的程度要憑經驗，燒灼過度，烏魚子就失去黏性，魚子在嘴裡變得粒粒分明，不夠有嚼勁了。燒灼的不夠，烏魚子又不夠 Q 彈。唯有恰好，烏魚子才會口感上佳，還帶有濃郁的酒香。

吃烏魚子，也不能空口，那樣既鹹也容易覺得苦膩。最好的是夾著新

鮮的蒜片或者白蘿蔔片一起吃，不僅質感上是個對比，而且味道更加突出。年輕人也有用梨片或者蘋果片配合著一起吃的，味道也不錯，有點哈密瓜配伊比利亞火腿生吃的感覺。

烏魚子因為特色明顯，是很好的饋贈禮物。不過必須送成對的，用盒子認真地盛裝起來，送出去一片南臺灣的情意。

● 洱海銀魚，情思如練

一提到大理，知道的人立刻心中水風清淨，心嚮往之。

大理是傳說中神奇的雙鶴開拓的疆土，是歷史上文化燦爛的南詔故國，是金庸筆下擁有無量玉璧、茫茫點蒼、天龍禪寺和一陽指的神奇國度，是今天無數遊人心中的風花雪月。然而我知道，大理的美和靈氣都在於那一方碧水 —— 輕靈廣博的洱海。

洱海是大理真正的母親河啊！其實不僅是大理，洱海甚至是整個雲南的靈魂。相傳漢武帝夜夢七彩雲朵，以為吉兆，派使臣追尋而去。一直追到今天的大理祥雲縣，被洱海所阻擋，只好無奈而返，遂將彩雲之南命名為「雲南」。今天的洱海，是白族人心目中如同眼睛般寶貴的東西，雖然洱海的水產豐富，但是每年都會有大概 7 個月的休漁期，以便讓這無窮的寶庫休養生息。

到了每年的七、八月分，一般都會根據當年的具體情況，舉行盛大

的「開海節」，開海節後漁民們就可以進入洱海捕魚，享受豐收的果實。開海儀式是在雙廊紅山半島的景帝祠舉行的。傳說中的景帝是 3 個人，又說是一條綠色的大蛇，不管他是什麼，他都是洱海的守護神。先說 3 個人的景帝。這 3 個人是紅山景帝祠本主廟所供奉的本主王盛、王樂、王樂寬祖孫三代。王氏家族是唐朝六詔時東洱河蠻豪酋，全力支持南詔王統一六詔，成為大功臣。大本主王盛、小本主王樂寬因英勇善戰，被南詔王封為大將軍，王盛之子、王樂寬之父王樂亦官至清平官。特別是在後來的天寶戰爭中，王氏一門為守衛大理立下了赫赫戰功。他們死後，被敕封為「赤男靈昭威光景帝」，被當地人敬為本主，歷代祭祀至今。而本主怎麼又會變成一條大蛇呢？在白族民間神話傳說中，紅山本主為保疆衛民而殉難，死後其身化為一條綠蛇，蛇頭上有一「王」字，經常顯靈，保護百姓，尤保船隻行駛安全，故而成為洱海的守護之神。

開海節當天，需要舉行盛大的儀式來祭祀紅山本主。在禱告之後，會有德高望重的白族長者帶領大家獻上祭品，誦唸祭文，然後焚表上蒼，以求得一年的風調雨順和魚蝦滿倉。漁船則掛起白帆，紛紛下水。打魚方式多種多樣，有的是張開整個漁罩，有的是趕下一船魚鷹，還有的是向水中撒下絲網，捕魚活動熱火朝天。而本主也沒閒著，他的塑像被人們抬上大船，在海裡樂呵呵地巡察，旁邊有美妙的白族大本曲和白族舞蹈相伴。

開海節當天一般都能捕撈到十幾斤重的大魚，我自己最愛吃的卻是細如竹筷、體長寸許的洱海銀魚。洱海的銀魚是最性感、最純淨的小魚。我見過太湖的銀魚，也是略微發白的，雖然也很漂亮，但還是要略遜一籌。

洱海的銀魚是完全透明的，除了兩只小小的黑眼睛，通體都彷彿是用最好的玻璃種翡翠雕琢而成，又充滿靈性。

銀魚是很好吃的，現在基本的做法就是銀魚蛋餅。把雞蛋液和銀魚拌和均勻，下入油鍋，慢慢煎成一張嵌滿銀魚的蛋餅，吃起來既有銀魚的鮮美，又有雞蛋淡淡的腥香。而在以前，白族人吃銀魚都是涼拌的。也不用滾水去焯，就是剛捕獲的銀魚，蘸著用大蒜和烤過的乾紅辣椒打成粉末做成的香辣蘸水，就可以吃了。那是一種未經打擾的純粹，也是一種無法言喻的鮮美。

其實，洱海中最好吃的還不是銀魚，是弓魚。弓魚就像一張銀色的彎弓，雖然看不到鱗，可實際上牠有一層細細的銀鱗，做好後完全融化成一整張包裹魚體的膠原蛋白膜，吃到嘴裡，那種鮮香和滑美是一輩子都難忘的。可惜，弓魚我只吃到過一次，而現在，洱海裡真正的弓魚已經消失，這種美味將永遠只存在於我深深的記憶中。

● 魚糕

湖南菜很知名，湘菜是中國八大菜系之一，而且有不少名菜看家，知名度最高的無疑是「毛氏紅燒肉」。一字之差的湖北就有點尷尬，鄂菜好像知道的人不多。湖北我去過的城市不多，武漢倒是去過幾次，很喜歡武漢的早餐。

有個朋友是古琴老師，也經營自己的茶坊，叫做耀迦。在他的會館

裡，我體驗了一次「左琴右茶」的茶事。左琴右茶，意思是入得茶室之門，面向長方形茶席，左手方為古琴師，右手方為泡茶師。為什麼選擇古琴？其一，古琴符合禪的精神──以簡單而見希夷。古琴只有七弦，可是隨手一撥，輕音起寂靜安然，留白處敦睦人倫。其二，古琴演奏很能展現一個人的氣質、個性和生命中的最為原真的東西，在現代快節奏生活的時代，能讓我們從這古雅的琴音中得到寧靜與和平。其三，古琴是文人樂器，你說它難，卻是文人閒暇皆可彈奏之物，你說它簡單，卻難於境界；其四，琴曲的意境最易和茶相配，乃至泡茶動作都可能受琴音影響，而呈現韻律美。但這種影響，屬於心意交融，而不像插花、焚香、書畫會產生動作上的干擾。

耀迦師承西江居士、歐陽修 32 代孫歐陽勛先生，以師承故，亦名「西江耀迦」。耀迦喜琴擅琴，經常在聯絡之時問到當下所為，答曰「彈琴」。見我到來，耀迦推掉一切瑣事，又拿出珍藏的 1980 年代初期老潮汕「米缸」茶。茶本奇種，自為單叢，雖然粗老，亦為民生。放在米缸內存放，久而忘之，卻便宜了我們。我隨身帶了蒙頂甘露，少見的蘭花香綠茶，雖是敝帚，總是自珍。

燒好耀迦陶罐靜放的長江水，拿了他珍愛的朱泥石瓢淪泡老單叢。隔著沉香線香的青煙，耀迦開始彈奏我最喜歡的古琴曲〈平沙落雁〉。大雁翔集，幾起幾落，望盡天涯之後，便有平淡的可貴。這支曲子最適合老茶了！我盡量感知琴曲的韻味，茶過三巡，琴曲已歇，我還在問耀迦：「怎麼這曲子變得這麼短了？」耀迦笑答，你是太專注了。啊，這種感受，就

是「淨」吧！

再用蓋碗泡蒙頂甘露，因為要降低沖泡水溫，我用公杯和燒水壺互相倒水來加速降溫。耀迦選曲〈雙鶴聽泉〉，倒水之聲恰與琴曲相和，有「聽泉」意。茶已出湯，琴曲恰好彈完，考耀迦是何茶，觀其凝神思索，大笑。

這段伯牙子期的經歷之後，耀迦的事業有更大的發展，他又在荊州有了自己的一方天地。說到荊州，我還沒去過，不過有樣吃食是荊州的，以前倒是常吃，那就是荊州魚糕。

魚糕是荊州的最好，特別嫩特別白。吃魚不見魚，魚含肉味，肉有魚香，清香滑嫩，入口即融。夾起來一片，嫩嫩滑滑，顫顫巍巍，邊上再配上金黃色的蛋皮，你就會立刻想起旺仔牛奶的廣告詞 —— 再看我，再看我就把你吃掉。

荊州，就是劉備借荊州的那個荊州，又是大意失荊州的那個荊州，不過荊州魚糕和劉備可沒什麼關係。魚糕的歷史可是悠久得多。魚糕據說是女英發明的。相傳舜帝南巡，先帶二妃娥皇、女英，結果到了荊州，娥皇染病，喉嚨腫痛，想吃魚肉，又厭煩吐刺。女英選當地之魚，加上蓮子粉和肉，做成魚糕，娥皇吃後，大讚其味，病好大半。不過，舜帝勤於政務，未待娥皇痊癒，即先行離開，後來不幸在南巡途中病故，二妃後至，淚灑斑竹，滴滴如血，是為湘妃竹。

不說湘妃竹，且說魚糕，一樣是真情所化。做魚糕，要把青魚去皮，

沿主骨取片，剁成茸。剁茸的時候不能用刀刃，必須用刀背，也急不得，要剁的力度均勻，否則不是綿軟，而是彈牙了。魚茸剁好後，加上蛋清攪拌，不要太快，力道太足也容易影響口感。然後分幾次加上薑水，直到攪拌成稠粥狀，再加上蔥白末、肥豬肉丁、澱粉、鹽攪勻。這時要燒蒸鍋，鋪上溼紗布，將魚茸倒上抹平，蒸到定型時，打開鍋蓋，用乾淨的毛巾蘸掉魚糕表面水分，將雞蛋黃均勻抹在表面，再蒸幾分鐘即可。然後等冷了，把魚糕取出，切成長方片即可。

魚糕因為已經熟了，怎麼吃都行。不過我最喜歡吃魚糕湯。這樣魚糕的鮮美也能融到湯裡，而加上湯水滋潤，魚糕也就更嫩，喝一碗魚糕湯，保證能讓人從裡到外都那麼熨帖。

● 轉角遇到蚵仔煎

「蚵仔」是閩南語，指小的海蠣子。海蠣子就是牡蠣，牡蠣就是生蠔。不同產地的生蠔當然味道會有不同，價格也高於一般牡蠣，但是其實牠們就是同一種東西。蚵仔煎顧名思義就是煎蚵仔，我自己覺得廈門的最好吃，臺灣也有，他們叫「額啊煎」或「偶啊煎」。

民間傳聞，國姓爺鄭成功來臺灣時，占據臺灣的荷蘭軍隊曾經堅壁清野，把米糧全都藏匿起來，鄭家軍在十分缺糧的時候，只好就地取材，把臺灣特產蚵仔、地瓜粉混合加水和一和，煎成餅吃，想不到竟流傳後世，成了風靡全臺的小吃。這個傳說我是不信的，因為首先蚵仔不是臺灣才

有，其次福建有蚵仔煎比臺灣早得多。

我倒是認可蚵仔煎是先民就地取材的發明，在糧食不足而海產豐富的時候，充分利用大海的饋贈，做出既可以果腹又味道鮮美的食物，這本身就是一個傳奇。

不過我也承認，臺灣為蚵仔煎的宣傳還是出了力的。2007 年大 S 徐熙媛、小豬羅志祥主演過一部青春偶像劇《轉角遇到愛》，講述一個讓人豔羨的「公主」，一個懷才不遇的畫家，在人生的轉角相遇，演繹出一段令人心動的浪漫愛情童話。這部戲裡羅志祥曾經教大 S 做蚵仔煎。臺灣的蚵仔煎基本做法和廈門的不同。臺灣的蚵仔煎地瓜粉的量很大，因為他們追求的不是嫩，而是「Q」，這個標準不同，則味道肯定不同。此外，臺灣的蚵仔煎更愛使用雞蛋，除了蚵仔，還加大量的青菜。煎好的蚵仔煎彈性大，也比較有半透明的感覺，另外吃的時候淋上味噌，還有的擠上番茄醬。這樣的蚵仔煎就非常臺式，只不過，我們北方人不太喜歡過分的甜不甜鹹不鹹的味道，所以我不太愛吃。

廈門傳統的蚵仔煎，要把肥膘肉切成丁，大蒜或蒜苗切片，也有用小蔥的，和海蠣、乾澱粉、精鹽、五香粉拌勻成糊，然後鍋裡最好放豬油，將海蠣糊下鍋，攤平，煎一會兒，加上兩個鴨蛋，攤平後翻鍋再煎另一面，上面再敲開兩個鴨蛋，煎熟後淋上香油即成。所以廈門的蚵仔煎，原汁原味，海蠣子特有的腥香味濃郁，面酥裡嫩，油潤鮮香，非常可口。

大家如果去廈門，局口街橫巷口內的蓮歡海蠣煎小吃店，是原來新南軒巷口老海蠣煎店搬過去的，雖然已有近 30 年的歷史了，現在也算是網

紅店。不過他們做蚵仔煎用雞蛋和小蔥，也配酸甜醬，好是好在海蠣子新鮮，也肯多放一些。

其實海鮮類的食材和鴨蛋是非常相配的。2014年的時候我去泰國為詩琳通公主60大壽的宴會做泡茶服務，接待我們的泰國開泰銀行的高階管理人員專門推薦了他們十分認可的做咖哩蟹的餐館。我們去品嘗了兩次，確實出品穩定，咖哩蟹的味道也十分出眾。回國後我們的廚師團隊曾經仿製，然而總覺得味道上還不能達到相似水準。經過一段時間的改進和摸索，我們覺得已經非常接近，但似乎總有什麼地方有欠缺。又專程去泰國請教，看到了很多細節，才發現泰國大廚是用鴨蛋來製作咖哩蟹而不是用雞蛋。使用鴨蛋的話，整體的口感會更加細膩豐富，質感上面的潤澤度也好很多。可見，中泰兩國在處理海鮮方面，傳統上都認為鴨蛋會更相配一些。

● 魚丸麵

我們北方人愛吃麵食，麵條當然也不在話下。不過我們吃麵條，雖然口味眾多，甜的、鹹的、酸的、辣的……配料也多種多樣，豬肉打滷、羊肉紅蘿蔔、牛肉馬鈴薯丁、雞蛋番茄、蒜薑豬肉丁……麵條樣子也各有特色，腰帶麵、柳葉麵、拉麵、河撈、貓耳朵、擦圪斗、撥魚等等，可是我們不會把麵條摻雜其他食物一起吃。南方的那種雲吞麵 —— 餛飩和麵條在一起煮，魚丸麵 —— 魚丸和麵條一起煮等等，我們不這樣做，可是也

覺得很好吃。

關於魚丸麵,我想大部分的年輕人最熟悉的就是香港影片《麥兜的故事》裡那隻粉紅色的小豬麥兜,和校長之間關於魚丸麵的搞笑對白。麥兜是這樣折磨校長的──

麥兜:「麻煩你,魚丸粗麵。」校長:「沒有粗麵。」麥兜:「是嗎?來碗魚丸河粉吧。」校長:「沒有魚丸。」麥兜:「是嗎?那牛肚粗麵吧。」校長:「沒有粗麵。」麥兜:「那要魚丸油麵吧。」校長:「沒有魚丸。」麥兜:「怎麼什麼都沒有啊?那要墨魚丸粗麵吧。」校長:「沒有粗麵。」麥兜:「又賣完了?麻煩你來碗魚丸米線。」校長:「沒有魚丸。」

旁邊的小貓忍不住了,主動和麥兜解釋:「麥兜啊,他們的魚丸跟粗麵賣光了,就是所有跟魚丸和粗麵的配搭都沒有了。」麥兜:「哦!沒有那些搭配啊……麻煩你只要魚丸。」校長:「沒有魚丸。」麥兜:「那粗麵呢?」校長:「沒有粗麵。」麥兜:「什麼都沒有,開什麼店!」

我想不僅是麥兜愛吃魚丸麵,因為在中國,廣東福建和浙江都有魚丸麵。不過形狀不同。溫州的魚丸或者魚圓其實不是圓形的,是不規則的條形,表面也不很光滑。我其實第一次見到感覺奇怪──這個命名和實際形狀也太不一致了吧?

做溫州魚丸可以用的魚品種很多,常見的是**鮁魚**、馬鮫魚,黃魚當然也可以。不過黃魚現在比較少,而且小刺多、肉也比較碎,雖然味道好,報酬率不高。把新鮮的海魚肉挑去魚刺後切成大片,用刀刮成魚茸,用

酒、鹽和胡椒粉浸漬片刻，加澱粉（地瓜粉、木薯粉、玉米澱粉都可以）拌入薑絲、蔥末均勻混合，用手攪拌，同時讓魚肉膠質均勻。將魚肉用手指擠成條狀下沸水鍋中，所以溫州魚圓是條狀的。煮到透明上浮便是熟了。用鍋中原湯煮細麵條，再加上魚丸，調入米醋、蔥花等即可。

廣東魚丸麵也是把魚丸和麵條同煮，放幾顆菜心，純粹的清湯上面再撒一把蔥花。但是廣東魚丸是滴溜溜的圓球。也特別追求魚丸的質感。要求是從一公尺的高度扔到地上次彈要超過半公尺，這樣才能彈牙。潮菜美食家張新民老師說，廣東魚丸是很挑魚的。必須用白肉魚而且也不能太水嫩，否則打出來的魚丸就不好。潮汕魚丸的原料，雖然有時也取自鰻魚、淡甲（鯒魚）等魚類，但廉價的那個魚肉質反而更加細嫩，用其製作的魚丸質地特別鬆軟爽脆，因而當地的魚丸幾乎全部都是用那個魚（長尾多齒蛇鯔）打成的。廣東魚丸還有一個和溫州魚丸不一樣的地方，它不是擠的，是「打」的。前面的過程都差不多，也是把魚肉變成魚肉糜，之後加入蛋清、澱粉，然後用手猛力拍打，邊拍打邊加入鹽水，直打到魚茸起膠，黏在手底不易墜下，放入冷水中能浮起為準。福建也有魚丸麵，和廣東的類似，但是福建的魚丸麵也有不帶湯的。還是先把麵條和魚丸煮好，瀝乾水分，然後配上燙熟的青菜，炒好的肉末，加上醬油、魚露等調味料拌著吃。這個就更加賞心悅目 —— 魚丸雪白，麵條嫩黃，青菜碧綠，醬香濃郁，魚露鮮美，很合我的心意。

● 盆菜：真摯的人間滋味

　　我是太原人，我們山西從農副產品來看，不是一個豐富的地方。連帶著山西菜沒那麼花哨、多變。我從小愛吃的大燴菜，基本就是白菜、發好的乾海帶、馬鈴薯塊、粗粉條，加上豬肉塊用醬油燒，有時也配炸過的丸子和泡發的金針。然而山西大燴菜是味濃的，真摯的，每種食材都不能小覷，卻又有難以言說的融為一體的美味。記得高中元旦班級聚會，大家準備吃食在教室裡吃飯，黑板上寫了花花綠綠的大字，也掛著花花綠綠的字紙，照例是洋溢著喜氣的，心裡有莫名的開心。我記著有一位五臺縣（五臺山）的同學，準備了山西銅鍋。山西銅鍋用的銅鍋和北京涮羊肉的火鍋一樣，然而做法卻不同。便是在鍋裡事先排好一層層一圈圈的滷肉片、丸子、酥肉、豆干、白菜等，也有粉條、馬鈴薯，而且還放了小半碗乾貝。我是第一次對干貝有明確的印象，也記得那個銅鍋味道超級好，好到我現在已經完全忘記很多讀書時的人和事，卻依然真切地記得那個銅鍋和那飄飛的花花綠綠。

　　這種清晰，來源於鄉土，根植於骨血，哪怕我離開，面對新的無窮選擇，仍然按照既定的軌跡與新的可能不期而遇。當我看到「盆菜」，我就知道是我想要的。

　　盆菜，廣東人更喜歡叫「大盆菜」，帶著猛烈的潮風海氣。和一般理解的粵菜不同，絕對是濃烈的紅燒。也是一層一層的在盆中擺好，蘿蔔、腐竹、魷魚、豬皮是最常見的，過節便要加冬菇、雞、鯪魚球、花膠、鵝

掌等等，有錢的還要加大蝦、鮑魚、蠔等等，不僅分圈還有分層。海味都是名貴的，然而最不能少的卻是炆豬肉。炆豬肉，就是紅燒豬肉塊。這些食材，不管葷的素的，都貢獻自己的味道到湯汁中，再從湯汁中吸回百種味道，最後變成一種味道，卻豐富得不得了，你吃蘿蔔是蘿蔔，可是又不是蘿蔔，鮮甜軟爛卻有濃郁的味道。我還愛吃煮到最後那濃稠的味汁，都是膠原蛋白啊！黏得張不開嘴，拌飯最是好吃。

盆菜怎麼來的？我聽說的版本有兩個：一個是宋末帝趙昺逃難，民眾亦無長物，但又不願怠慢，故而將一切能拿得出手的食材匯聚一盆烹燒奉上；一種是文天祥北退零丁洋，民眾盡心力招待，以盆盛著各家相贈的菜，由豬皮墊底，一層一層地加上去，一盆一盆羅列出來給士兵們吃。不管哪種說法，皆是傳說，然而大抵是落了難的，別說落了難，就是「窮在鬧市無人問」，那也是常見的，肯用自己的不豐富成就一份豐富的招待，那是滿滿的人間情義了。

再尋思，文天祥過零丁洋之際，已經退無可退了。小時候背過的文天祥的詩清晰地想起：「辛苦遭逢起一經，干戈寥落四周星。山河破碎風飄絮，身世浮沉雨打萍。惶恐灘頭說惶恐，零丁洋裡嘆零丁。人生自古誰無死，留取丹心照汗青。」這麼一個鐵骨錚錚的漢子，既然存了留取丹心的心思，那便是以死明志了。能在惶恐的境地裡吃到一盆盆菜，哪怕只是燒蘿蔔、豬肉、魚塊，也是一種人心的慰藉吧。同樣的還有趙昺，通常的介紹是「南宋亦是宋朝最後一位皇帝，在位 2 年，得年 8 歲」。8 歲，還是一個孩子，這樣的一個孩子因為南宋於 1279 年 3 月在崖山海戰中被元軍

大敗，全軍覆滅，被大臣陸秀夫背在背上跳海而死。不知道他那時是否在無比的淒惶中還能憶起盆菜的一絲溫暖？

不說沉重的歷史，單說現今吃盆菜。在廣東那是人挨著人，圍著一盆菜吃的，莫名彼此就會特別親近。吃盆菜也允許每個人在裡面翻翻撿撿，揀自己喜歡的吃，不僅是滿足各人的口味，更是大家共同撈個風生水起，彷彿為彼此、為自己都吃出了一片錦繡天地。

● 番禺的禮云子

可能你和我一樣，第一次看見「禮云子」這三個字，完全不知道什麼意思。我當時想，可能是種植物的種子吧，就像破布子一樣。事實證明，我錯了。

番禺為什麼稱為「海濱鄒魯」？那說明番禺雖然不是中原，可是儒家文化的傳承是非常到位的。儒家的老祖宗、孔聖先師在《論語・陽貨篇》中說過：「禮云禮云，玉帛云乎哉？樂云樂云，鐘鼓云乎哉？」什麼意思呢？是因為那時的君主唯知崇尚玉帛，而不能安土治民，奏樂必假鐘鼓，而不能移風易俗，故孔子表明禮之所云不在玉帛，樂之所云不在鐘鼓。禮以敬為重，玉帛是禮的文飾，只用來表達敬意而已。樂主於和，鐘鼓只是樂器而已。當時所謂禮樂，是重於物而簡於敬，敲擊鐘鼓而不合雅頌，這是本末倒置啊。

動物界有種小螃蟹，行為挺符合孔子的理論。這小螃蟹也就一元硬幣

大小，可是特別懂禮數，平常橫著走，一旦受到驚嚇時，就會停下，將兩條粗大的前螯合抱，猶如古人見面時，所行抱拳作揖的禮節，倒是頗有先禮後兵的領悟。因此這小螃蟹就被賦予了「禮雲」的雅稱，小螃蟹的卵子，就是禮雲子了。

禮雲子本身不是特別金貴的食物，但是它的珍貴之處在於收集過程的繁瑣耗時。蟹卵的保鮮期稍縱即逝，如果不能即刻食用，哪怕是馬上冷藏保鮮，過一兩日滋味也就大不如前。而且螃蟹之卵也就每年清明前後20多天才產，凡此種種，使它成了稀缺資源。試試看，從一隻銀元般大小的螃蟹身上能取出多少粒卵子？禮雲子剛取出來是灰灰黑黑的一堆小顆粒，並不誘人，一經火烹，馬上脫胎換骨，蛻變成一片珊瑚一樣的豔紅，其味類似蟹黃，卻勝過蟹黃。尤其用來蒸蛋，鋪上薄薄一層，立刻化普通為神奇，不僅色澤金紅，香氣撲鼻，滋味更是妙不可言。

禮雲子是螃蟹之卵，雖然一小勺可能也是千百條生命，從宗教的角度來說，不是功德之事。但從食物鏈的角度來說，據屈大均《廣東新語》記載：「廣州瀕海之田，多產蟛蜞，歲食谷芽為農害。」廣東沿海的沙田地裡，蟛蜞對春天裡的秧苗生長不利，因此人們以放養鴨子吃蟛蜞來保收穫，後來可能人們不想便宜鴨子，便自己來吃了，然後也就發現了禮雲子的美妙。

不管吃不吃，感恩食物帶給我們的美好。這小螃蟹的名字要記住，其實剛才屈大均已經說了——「蟛蜞」是也。

沁脾香菌

● 松茸、松露和雞樅

　　雲南是菌子的故鄉，種類多得不得了，好吃的菌子也多得不得了。我基本上都很喜歡，從雞樅到乾巴菌，從見手青到黑牛肝、黃牛肝、紅牛肝，哪一樣都是鮮美到令人覺得幸福來得特別突然。楚雄每年都有鮮菌節，香格里拉的松茸一枝獨秀，其實名貴的菌子大理產的也很多，松茸、松露、雞樅大理都有。大理歷經唐之南詔國、宋之大理國等時期，前後4,000年輝煌歷史，不僅是文獻名邦，想來也遺留不少寶藏。無量山的寶藏就被金庸老先生知道了，不過據他說已經讓段譽占了便宜。得到這些寶藏大多都是要歷經九死一生，最終可能成功，也可能小命嗚呼，像段譽那樣沒有目的而最終得到寶藏的奇遇不多。可是大理還有近在眼前的寶藏，就要看你有沒有緣分得到了。

蒼山新雨後，土地帶著潮溼的霧氣，被紅土高原的強烈陽光一烘烤，各種各樣的菌子在松蔭下迫不及待地露出一個個緊緊擠著的小腦袋，一同去採菌子的人，不時驚叫一聲，肯定是又發現了一叢新鮮的菌子，每個人臉上都洋溢著滿足開朗的笑容，真的是比得到南詔王的寶藏還要快樂。更為關鍵的是，寶藏往往想要獨吞，而採到的菌子大家會拿出來或者招呼同伴一起觀看搜尋，把自己的快樂分給每一個同來的人。

其實菌子真的就是寶藏。世界四大名菌松露、松茸、牛肝菌、羊肚菌價格都不低。一提松露，最知名的還是法國松露，這和法餐在世界美食體系中的地位有很大關係。從顏色上來說，松露有黑白兩種，白松露更為稀少和貴重。白松露只在義大利和克羅埃西亞有少量出產，黑松露在義大利、西班牙、法國和中國均有出產。而中國的黑松露，就產自雲南。

在雲南的黑松露，因為其貌不揚，而且氣味不同於一般的菌子，其實以前並不被當地人看好。而喜歡松露氣味的人則認為松露香得不得了，所以在法國，一盤菜在最後撒一點黑松露的碎屑，都被認為是高級和美好的，更別提再淋上幾毫升白松露油了。松露到底什麼味道呢？我覺得好像微雨打溼的叢林，古樹散發的氣息，而法國有的美食家描繪它為「經年未洗的床單」散發的味道。不管什麼味道，這種味道在松林裡極具隱蔽性，因為和樹林裡的氣息完全一致，必須依靠極為敏銳的嗅覺才能分辨。世界上，嗅覺最好的家畜就是豬了，所以在這方面中法兩國極為相似，法國訓練豬來尋覓松露，而在中國雲南，老鄉們則直接把這種黑色的塊狀菌命名為「豬拱菌」。

　　黑松露在雲南，食用方法很多，絕不像國外那麼「小氣」。我自己比較喜歡的是松露蒸蛋，在黃嫩的蒸蛋上排著十幾片黑松露，色澤搭配的俏皮而不張揚，香氣美妙神奇，而又能嘗到松露菌較之其他菌子顯得脆硬的質感。以前淮揚菜名廚侯新慶大師主掌北京中國大飯店夏宮餐廳的時候，做過一道黑松露紅燒肉，味道非常濃郁香醇，是一個驚豔的搭配。

　　不過說實話，雲南松露在香氣上確實無法和法國黑松露相媲美，差距還是比較明顯的。雲南松露雖然不是最佳，但畢竟也系出名門。而我認為能拔頭籌的菌子就是雲南松茸了。松茸也不是中國獨有，日本、朝鮮半島皆有出產。哪怕是在國內，東北長白山也是出產松茸的，可是我認為最好的還是雲南出產的松茸。

　　不管是松露還是松茸，都是由菌和松根結合產生活性菌根帶，在相對溼潤的環境裡生長。不同的是松露只要成熟，即使不採摘，一年之後也會自然死亡，而松茸卻不同。只要松樹健康、土壤條件穩定，它的壽命是很長的。而且莖幹越粗越長的松茸，等級越高。不過，松茸的菌蓋是不能展開的，一旦菌蓋展開，就沒有了任何經濟價值，當地人有時候形容健康而懶惰無用的人就叫他「開花松茸」。

　　「有味使其出，無味使其入」，這是中國關於食材處理思維模式的一句話，我一直非常欣賞這句話 —— 簡單而直指本質。松茸是我所見味道非常濃郁的蔬食，當然，它的製作方式就都比較簡單。

　　簡單不代表容易，凡是化繁為簡，都需要深厚功力。要想做一份好的松茸飲食，首先你必須有好的食材。松茸這樣好的食材，往往在每年 7 月

才出產，到 9 月分基本也就走下坡路了。它的出產期太短，所以，市面上就有急凍的產品。急凍松茸其實是需要在產地採摘後即刻清洗、水煮，然後低溫速凍，一般都可以保存一年以上。可是，香氣已經差了很多，令人嘆息。

如果能有新鮮的松茸，那就千萬不要等待，不要用水沖洗，那樣會損失香氣。要用無異味的紙巾沾著水輕輕擦拭，去掉灰塵、苔蘚、松毛之類的雜物，也不要用不鏽鋼刀之類的金屬刀具，要用陶瓷刀把松茸片成薄片，放在炙板上烤，然後直接沾一點海鹽食用，彷彿整座松林的香氣都在嘴裡散開，真的好像在天然氧吧裡吸了氧一般，身體立刻活力四射。

如果是急凍的松茸，用的方法就可以複雜一點。比如香燒松茸。香燒松茸要把松茸切片過油，再入鍋炒。急凍到位的松茸，在過油的時候，松茸切片不會皺縮，色澤也不會有太大變化，而經過這樣的技法燒製，松茸最終表現的效果還是令人非常滿意的。

有意思的是喜歡和不喜歡松茸氣味的人同樣兩極化。它濃郁的松香味道，在以前被不喜歡它的雲南人認為是一種邪惡的氣息，稱呼它為「臭雞樅」，直到知曉了日本人對它的狂熱，才發現了它巨大的經濟價值。

實際上，松茸最大的價值是它在養生方面的作用。日本在第二次世界大戰時被投擲兩顆原子彈，輻射過的地方寸草不生，而松茸卻可以正常地生長，可見松茸的抗輻射能力極強。而這麼多年研究也表明，松茸對於治療糖尿病也有著非常好的效果。

能保存而且依然香氣十足的是雞樅菌。雞樅必須長在白螞蟻窩上，而且要雷雨天才會迅速成熟。蒼山上的雷雨天，山上的空氣中氮氣會迅速增加，成為催熟雞樅菌的必要條件。這也是蒼山雞樅菌香氣濃郁的形成原因。四川也產一種灰白色的雞樅菌，四川人叫「鬥雞菇」，香氣就要遜色得多。雞樅大量成熟，也無法長期生鮮保存，大理白族同胞發明了「油雞樅」的做法 —— 把新鮮雞樅菌手撕成小段，拌入適量鹽、雞精、草果粉、八角、紅辣椒末、蒜片，醃製15分鐘後，擠乾水分。炒鍋內放油（要能淹過雞樅），加熱後下雞樅，炸至棕紅色即可。此法也適用於任何蘑菇，味道較鮮蘑菇更加油潤香濃，且有嚼頭，很適合下飯。

●張家口不產的「口蘑」

口蘑滿足了我對蘑菇的一切想像 —— 緊密結實的菌蓋、短短的可愛的菌柄、潔白的色彩、清新的香氣、細密的質感……和小時候看圖畫書得到的印象完全一致，這不就是蘑菇最為直觀的代表嗎？雖然後來我居住在大理5年，看過了各種各樣的菌子 —— 愣頭愣腦的青頭菌，長老了會開傘的雞樅菌，仿若黑色小球，斷面有著大理石花紋般的塊菌，顏色紅潤的紅牛肝菌，表面黏滑、松香濃郁的松茸……可是我還是覺得口蘑充滿了童話書裡的正能量。

這次的蔬食研究，讓我糾正了自己認知上的兩個迷思：一個關乎食物，另一個和食物無關。關乎食物的是，口蘑是內蒙的特產，而不是張家

口的蘑菇。無關食物的是，張家口不是我們山西走西口的那個「口」。

口蘑之所以叫做口蘑，確實和張家口有關，但並不是張家口所產，而是內蒙所產，但是進入內地市場，是以張家口為重要的清理、加工、包裝的集散地，所以就被稱之為「口蘑」。口蘑的主要產地在錫盟的東烏旗、西烏旗和阿巴嘎旗、呼倫貝爾市、通遼等草原地區，這些地區的地理特徵比較相像，都具有腐殖質厚密的土壤，畜牧業發達，牛糞、羊糞等為口蘑生長提供重要的基質和養分。口蘑味道鮮美，口感細膩軟滑，菌香也比較濃郁，又不像其他蘑菇特別容易腐壞，因此確實是非常理想的素食料理食材。

據說美國人很喜歡白蘑菇，是因為白蘑菇中含有大量的維他命D。早年美國《洛杉磯時報》報導，稱研究發現，白蘑菇是唯一一種能提供維他命D的蔬菜，當白蘑菇受到紫外線照射的時候，就會產生大量的維他命D。而多攝取維他命D，就能很好地預防骨質疏鬆症。白蘑菇就是中國人所說的口蘑。但是這一說法我在洛杉磯的時候，並不曾得到有效的驗證。當地人是比較喜歡菌類，尤其是義大利餐館，喜歡拌入菌類的義大利麵，然而大多是草菇，口蘑基本看不到。不過中國對美出口的食品中，蘑菇罐頭是大宗貨物，馬口鐵罐的口蘑罐頭倒是非常常見。

吃素了以後，應用蘑菇的機會多了起來。我很喜歡咖哩焗大理馬鈴薯配口蘑。大理馬鈴薯的事情我們另外再說，先說口蘑。咖哩我非常喜歡，不論黃咖哩、綠咖哩還是紅咖哩，然而大部分的中國人似乎更加鍾愛黃咖哩，不光是色澤誘人，香氣也更為濃厚。然而印度的配方我不太喜歡，回

口發苦，香氣比較低沉。泰國咖哩的香氣活潑得多，加上椰奶和檸檬葉，無論香氣還是味道層次都更加豐富，混合馬鈴薯燒燉，湯汁也顯得黏稠。點睛的還是口蘑啊，一種特殊的香氣，說不出來，然而不可或缺。

末了說說那件無關食物的事。我大學學的是明清商業史，研究晉商。山西商人的足跡曾經在明清時期達到今日都不可輕易抵達之處，我們山西人經常說的「走西口」，我一直以為是由太原北上，經過大同，穿過張家口而進入內蒙。其實民間所說的「走西口」的這個「西口」，應該是指山西朔州市右玉縣的殺虎口。走出這個西口，就到了昔日由山西人包攬經商的歸化與綏遠（統稱歸綏）、庫倫和多倫、烏里雅蘇臺和科布多及新疆等地區。殺虎口還是通往蒙古恰克圖和俄羅斯等地的重要商道。以顏料、茶葉等貨物起家的晉商，不知道漫漫駝隊當中，歸家的時候是否會捎回潔白的口蘑，寄託羈旅的思念？

● 冰花玉絡有竹笙

我訪問四川的同事：「我問你『竹笙』，你首先會想到什麼？」同事：「竹筍？我們經常吃啊，還去採。一下雨，長得可快了⋯⋯」「等等，我說的是竹笙，不是竹筍，你知道嗎？那種有白色蕾絲裙子的菌類？」「噢，那個呀，長在死竹子上，我們看見就採起來扔了，要不然過幾天它會爛，有種臭味⋯⋯」我覺得這種談話完全偏離了我的預期，我決定還是不繼續了。

可是，竹笙是四川特產啊，我應該努力發掘出它在四川的人文特質。所以，過了幾天我請廚師長做了一份清燉竹笙湯盅，再請四川同事品嘗。她嘗了一口，說：「嗯，味道挺特殊的。嗨，院長（我是眉州東坡管理學院的院長，他們叫習慣了），你小的時候也一定去過公共澡堂子吧？和那裡的味道差不多……」我覺得我有深深的挫敗感，後來直到看了一本法國很有名的美食家寫的日記，其中記載著他熱情地推薦黑松露給他的朋友品嘗，他的朋友認真地給出「經年未洗的床單味道」的品鑑結論，我才釋然了。

竹笙其實真的挺好吃的啊。清代有一本專門講素食的書，叫做《素食說略》，裡面「竹松」條還專門說到了竹笙——「或作竹笙，出四川。滾水淬過，酌加鹽、料酒，以高湯煨之。清脆腴美，得未曾有。或與嫩豆腐、玉蘭片色白之菜同煨尚可，不宜夾雜別物並搭饋也」。我覺得作者薛寶辰是很懂竹笙的。身為陝西人，他能如此了解四川的食材，確實是一位博學的翰林院學士，也是一位很懂素食的美食家。

愛吃竹笙的人，除了味道，也喜歡它白色的「蕾絲裙子」，其實是竹笙的菌罩。竹笙生長在竹林，卻不影響竹子生長，它是依靠分解死掉的竹根而存活的。簡單地說，竹笙孢子依靠竹根，先生成菌絲，然後逐漸膨大扭結，最後長成一顆小圓球，我們叫「竹笙蛋」，這個蛋再長大變成桃子型，從「桃子尖」處長出菌帽，菌帽張開白色的菌罩，就可以採摘了。竹笙破蕾開裙一般在凌晨，竹笙蛋蛋殼從爆開一兩公分，到完全撐起來不過兩個小時，必須做到隨開隨採。採收時，用刀把竹笙底部切斷，取掉菌

帽，只留菌柄和菌罩，用溼紗布擦乾淨或用少量清水沖洗乾淨，置於墊有可以吸水的草紙的竹籃裡，不可撕破弄斷。家裡一般都是晒乾，晒乾後會變成微黃帶褐，但不是深黃，一般 10 斤也就能得兩三兩乾燥的竹笙，可見竹笙的珍貴。如果是工廠，那都會烘乾，顏色反而比日晒的淺，柄的部分微黃，菌罩的部分淡黃，香氣比較濃郁。如果採摘的時候就碰見了黃色菌罩的，那是另外一種竹笙，有毒吃不得的。

除了像我們做餐飲的，能夠在季得到鮮竹笙，大城市裡基本都是超市裡買的乾竹笙。用溫水加鹽浸泡，泡軟即可洗淨，之後再用溫水泡至全發，一般需要兩三個小時。如果長時間煲湯，竹笙都是最後放，大火燒開五、六分鐘就可以了，時間一長，鮮味反而散失，失掉了「草八珍」的妙處。

水土鮮蔬

● 紫蘇長髮

在洛杉磯工作的時候，結結實實地吃了 7 個月的西餐。我覺得一個人能在外地待得住與否，其實很大程度要看他是否適應當地的飲食。我最愛的當然還是中國菜，可是讓我連續吃西餐，我也沒有什麼不適應。在洛杉磯和同事的兩件趣事都和吃飯有關。一件是國內支持的大廚要回國了，我代表洛杉磯店請他吃飯。我還特別挑了一家義大利餐廳，吃到一半，他說還有東西想起來沒收拾好，就先回店裡了。我可捨不得吃了一半的薩拉米拼盤、海鮮飯和義大利亂燉，再說還有半瓶白葡萄酒呢。等我酒足飯飽，哼著小曲回到店裡，發現大廚自己煮了一碗擔擔麵在默默而開心地吃著，我的內心受到了暴擊般的傷害。還有一件是我休息日起來做早餐，樓上的同事下來隨口一問：「你在做什麼？」我說：「餃子。」同事就差歡呼了：

「煮幾個給我。」我說：「好。」等他迫不及待地放進嘴裡，然後整個人就凝固住了，過了一會我聽見他小心翼翼地問：「這是餃子嗎？」我說：「是啊，義大利餃子，奶酪餡的。」然後，我的同事就不見了。剩了好多餃子，我一直吃到中午。我後來一直跟他強調：義大利餃子也是餃子啊。

其實，義大利菜裡面有的東西真的是和川菜相通的，我始終認為義大利菜是最接近中國菜的西餐。四川人的老宅子，房前屋後往往都種著些藿香和紫蘇。四川人燒魚，快出鍋時，喜歡撒藿香碎，而日常炒個黃瓜片之類的，也喜歡放紫蘇碎。義大利菜裡面有一道紫蘇拌麵，也是用紫蘇葉子入饌。

紫蘇拌麵，淡黃色的麵條，上面是碎碎的紫蘇葉子，油醋香滑，讓我食而不知肉味。抖散開來，彷彿有活力的小蛇般，顫動彈跳，表皮油滑，像極了女妖的長髮，我就如同中了梅杜莎的魔法，雖然不至於全身石化，卻是不及言他，吃盡為快。

紫蘇在中國等同野草，然而越是卑微的東西，越不要小瞧。珀爾修斯刺殺美杜莎，最終竟靠著美杜莎屍體內化出一匹神馬而逃走，這古希臘的神話竟也有「殺身成仁」的意味，紫蘇便也如此，帶給人間另一片美食的世界。

機緣巧合，看到了日本的紫蘇麵條。可是我卻很厭惡，因為是紫粉色的麵條，看上去像面目可憎的蟲屍。但日本的很多和菓子，卻包裹了新鮮或者鹽水漬過的紫蘇葉，讓和菓子不那麼甜膩，也別添了特有的清香。我雖不喜日本的紫蘇麵，但是京都的志波漬卻頗合我意。志波漬屬於漬物，

利用了紫蘇葉來調味和調色，所以深紫色上罩著濃郁的紫蘇葉的清香。配著日本冷麵，吃起來真是人生的快事。至於為什麼有的紫蘇食品是紫色，有的卻是葉綠色？經過探究，才知紫蘇也分多種，綠紫蘇用於麵條、調味汁、砂鍋料理和生魚片的調香；紅紫蘇葉被用於梅乾的染色及麵條和製等方面。

中國的藥典上記載：紫蘇，性味甘辛、微溫、有小毒。入肺、脾經。發汗散寒，溫胃和中，止痛下氣。主治風寒頭痛，肢節疼痛，寒瀉。氣虛或汗多者少用之。

中國講究藥食同源，歷史上紫蘇入食並不鮮見。北魏賈思勰的《齊民要術》中記載有腤雞、腤白肉、腤豬和腤魚的製法。「腤雞」是用整粒的鹹豆豉，豎切的蔥白、稍微烘過的乾紫蘇和不烘的生紫蘇，以及宰殺乾淨的整雞，一起放入鍋內加水煮熟，然後把雞和蔥拿出，把湯汁中的紫蘇葉和豆豉丟棄，讓湯汁沉澱澄清，把雞切成一寸左右的小塊，放入碟中淋上熱湯汁就是「腤雞」了。

中國湖北等地流行的漢劇，有一齣劇目叫做《紫蘇傳》，劇情大抵是瘟疫流行，民間郎中白朮為救眾位鄉親，不惜以身試病，可惜功虧一簣，臨終要其妻紫蘇解剖自己的屍體，以此驗證新方。紫蘇含悲忍淚，毅然剖屍，查明病因，解救黎民。

但紫蘇的離經叛道為當時世俗和禮法所不容。最終她為了探求醫理、弘揚醫德獻出了寶貴的生命。紫蘇和白朮均是藥名，醫經記載：白朮，為菊科植物白朮的乾燥根莖，健脾益氣，燥濕利水。用於脾虛食少，腹脹泄

瀉，痰飲眩悸，水腫自汗。這一紫一白、一葉一莖，倒還真是絕配。

● 西塘的芡實糕

中國人愛水，是一種骨子裡的繼承。這個水和西方的不太一樣，西方的文化裡更愛的是大江大海大河，中國雖然也有長江黃河，視同母親，然而卻不是傳統文人情懷歌頌的主要對象。中國的文化裡，水是以柔克剛的水，至強但是至柔的水。所以中國人看見城市的一汪淺池、內陸的水巷縱橫，都會有一種從心底生出的由衷嚮往。

水鄉最知名的，不外乎江南 —— 周莊、同里、甪直、烏鎮、西塘是也。各人有各好，我最喜歡的是西塘。西塘的橋千姿百態，水巷綿密，岸邊檐廊婉轉如清歌，其實其他水鄉也大抵如此，然而總歸感覺是不同的。

西塘有幾個自己的小菜，雖然不如周莊萬三蹄膀那般出名。然而有種點心，卻是我百吃不膩的。西塘很多家在做，然而文山告訴我一家叫做「三方」的鋪子最好。

文山在西塘開客棧，我去看他，彼此都覺得滄海桑田，對人情世故都有所疏離，偏偏年輕時認識的朋友交情卻是 10 年不見卻未有一毫生分的。我便信他，他也是個世界各地到處遊歷的人，有的時候，美食在於你的心境，經歷恰是其中難以學習的評價要素。

這種點心，是芡實糕。芡實糕，顧名思義，用芡實為原料做的。芡實

是個挺奇怪的東西，其實我也沒覺得它有什麼特殊香氣，可是就是愛吃。後來想想，也許是芡實有股難以描繪的「清氣」吧。江南人自古水潤，他們把芡實、茭白、蓮藕、水芹、茨菰、荸薺、蓴菜、菱角合起來叫做「水八仙」。

江南自古繁華富庶且多雅客，並不十分羨慕神仙，還不如腰纏十萬貫，騎鶴下揚州。所以，江南人的做派和神仙差不多，吃東西也是清妙的。水八仙尤其如此，吃來吃去，總歸是一團清氣，化成無限妙而無言的鮮美。芡實在江南當然是直接吃的，到了北方離水太久，只能乾磨成粉。其實北方人也熟悉的，我們做菜愛「勾芡」，勾的就是芡粉啊。

每年六、七月間也恰是芡實開花的時候，八、九月芡實就成熟了。成熟的芡實不像蓮花是一個蓮臺的模樣，承載眾生的苦，而是像一個雞頭，尖尖的喙，又布滿了刺蝟般的硬刺。所以，芡實又叫雞頭果、雞頭米。據明《本草綱目》記載：芡實有「補中、益精氣，開胃助氣、止渴益腎」的功效，而到了清朝，芡實的食用更加廣泛，《隨息居飲食譜》載：「芡實，鮮者鹽水帶殼煮，而剝食亦良，乾者可為粉作糕，煮粥代糧。」芡實不僅僅是食中美味，也是一味良藥。在中藥房中，可以買到乾的芡實，可惜已經碎裂，如打碎的紅珊瑚珠，有著惑人心魄的妖豔。

「美人首飾王侯印，盡是沙中浪裡來」，雖然剝芡實不像淘沙金那樣辛苦，可是也絕不是易為之事。芡實的果實外包花萼，密生銳刺。唐朝無名氏的一首《雞頭》詩，曾經生動勾畫出雞頭果的神形：「湖浪參差疊寒玉，水仙曉展鉢盤綠。淡黃根老栗皺圓，染青刺短金罌熟。紫羅小囊

光緊蹙，一掬真珠藏胃腹。叢叢引觜傍蓮洲，滿川恐作天雞哭。」要想取得「真珠」，不僅要戴厚手套，還要動刀子，才能剝出或青或黃或紅皮的芡實來。嫩的芡實可以生食，齒頰生津，香芬滿口。當然也可以熟製，煲湯、做菜、製糕。煲湯最宜老鴨。將老鴨膛內製淨，塞滿芡實久熬，其味道鮮美而甜潤。鴨肉無腥氣，而有芡實香，芡實更香甜，油潤感更突出。做菜適合蜜漬。上好棗花蜜，略撒小半勺黃金桂花，將蒸熟的芡實醃漬一天，食之滿口花香，卻有芡實的清爽，就像妖嬈麗人，偏生拿了書卷氣來裝飾，更勝過金釧玉環。製糕便選山藥。芡實和山藥共蒸熟為泥，以核桃粉和糯米粉和麵製皮包之，香糯清雅，渾不似人間之物，倒帶了廣寒宮的清冽之氣。我腸胃不好，往往不願意吃藥，吃幾塊芡實山藥糕便舒服起來。

現今的芡實糕由芡實粉和糯米膨化粉精製而成，既可以一片一片大大咧咧地撕開不會掉渣，但也絕不會軟糯沒有風骨，是細膩中帶著嚼勁。三方也賣八珍糕，據說這才是西塘最傳統的糕點，芡實糕也是八珍糕改良而來。所謂八珍，就是 8 種中藥材，山藥、蓮子、芡實、扁豆、砂仁、茯苓、米仁、白糖為粉，溼糊成長方形糕，再豎切長方形薄片即可。色澤是深灰色，粉質細膩，但和芡實糕口感不同，芡實糕是綿軟，八珍糕是鬆脆，略有中藥味，但總覺得沒有芡實糕那麼好吃。

● 天上人間折耳根

折耳根（魚腥草）是雲貴川都十分喜歡的食材，雖然各有各的味道，但是總歸在季的時候，是餐桌上十分常見到幾乎不可無此君的菜蔬。可是北方人對於折耳根的評價，往往是嚴重的兩極化。一派提起來覺得口腔中唾液分泌，彷彿恨不得馬上大快朵頤；一派說都不必說，只聽到這個名字，就覺得咽乾口苦頭痛，恨不得遠離十萬八千里。所以我為什麼想到「天上人間」這個詞，就是因為折耳根是這樣的特色鮮明，以至於有的人視為珍寶，而對有的人來說無異於毒藥。

其實大部分沒有吃過折耳根的人，第一次品嘗這種蔬菜，一定會感到可怕，就像我第一次嘗這個菜一樣。那時我還在雲南，我很好的朋友每天要拌一碗折耳根，大快朵頤，我很不忿，便強夾一大口，只覺得一股濃烈的腥味，又不好意思露怯，強行嚥下去之後，只覺得滿嘴像嚼過菸葉子一樣苦澀，從此以後，再不眼紅，甚至可以說絕不看第二眼，覺得這種東西「此草只應天上有，為何偏偏在人間。」我後來到北京在一家川菜集團工作，為了顯示「與民同化」，只好又強行吃了幾次，誰承想，從難忍到接受再到熱愛，竟來了一個 180 度轉變，現在我是過了幾天沒有吃到折耳根就渾身難受，覺得人間沒了它還真是不行。當我忍不住將它介紹給我的北方朋友後，他們初次品嘗的表情和一番將吐未吐的難耐之後，以充滿巨大懷疑的眼光覷定我，那意思是不僅懷疑這種「草」的出身大概也懷疑我的品味吧！

其實折耳根不僅是蔬菜，它也有自己的藥效。一說它的另外一個名字「魚腥草」，大家就知道了。以前患重感冒打針時「魚腥草注射液」的那個魚腥草就是折耳根，不過用四川話叫更有意思，諧音「豬鼻拱」。折耳根是多年生草本植物，整株都有魚腥臭味。全草能清熱解毒，利尿消腫，治療扁桃體炎、肺膿瘍、尿路感染等。

由於折耳根有宣肺、強壯氣管的功效，保健效果很明顯，北京人也開始食用。不過，什麼東西都不要過量，過量食用折耳根，容易對腎臟造成損傷。折耳根的根和葉子都可以吃，根是白白的、帶有小節的圓柱形草稈，可以涼拌，也可以和肉絲一起炒著吃。不過根的魚腥味會更大一些，也要注意不要炒老，炒過的話，折耳根會變得綿軟。我更喜歡吃的是葉子，心形的葉子翠綠惹人喜愛，用紅油一拌，脆爽辣口，別提多過癮啦！也可以稍微複雜一點，做個拌四蔬 —— 用紅蘿蔔、萵筍、芹菜切成均勻的細絲和折耳根一起盛在平盤裡，上面鋪好辣椒丁、薑末、蔥絲、蒜茸，倒幾粒豆豉，然後燒一勺略冒青煙的花生油，加幾粒乾花椒出香味後均勻地繞圈淋在蔬菜絲上，伴隨著呲啦呲啦的聲音，香氣就出來了，先別慌，還要淋上山西的老陳醋，然後用筷子一拌就可以享用了，那味道真是，好像整個春天的鮮嫩都在你嘴裡了。

● 鄉土果凍 —— 冰粉

我女兒特別愛吃果凍，我一邊說她：「果凍沒什麼營養，糖還多，又

有不少人工香精、人工色素的添加劑，你少吃點。」一邊還得時不時買幾個討好她。我剛到北京的那幾年，部門有個同事也特別愛吃果凍，一天到晚，看見她的時候，手裡總是拿著一個。我笑她像個小女孩，她總是笑嘻嘻地說：「沒辦法啊，我喜歡吃。」說得多了，她就誇張地舉起小拳頭：「怎麼著，我們家祖傳三代都是做果凍的……」

我不愛吃果凍，因為我覺得果凍不就是蒟蒻麼，完全沒有什麼營養，要是什麼都不加的話，倒是可以減肥 —— 又飽腹又基本沒有熱量。可是，人們往往會自我標準不統一，同樣本身沒有什麼味道的冰粉，我卻愛吃，覺得它就是鄉土果凍嘛。

冰粉是冰粉籽做的食品。冰粉籽是長在一種草上面的種子，這種草在四川、雲南等地是很常見的，在田埂上可以長到半人高。它開藍紫色的小花，雖然不像薰衣草那麼濃豔也沒有那麼香氣迷人，可是等花謝了，花托膨大，裡面會長出比芝麻還小的綠色種子。把這些小傢伙收集起來，等到晒乾了，就換上一身古銅色的皮膚，這就是可以做冰粉的冰粉籽了。做冰粉還需要另外一樣東西，就是石灰。把石灰充分地運用到食物製作之中，對此中國人大概已經發揮得隨心所欲。不過我的朋友喝液體鈣的時候，總會一邊吃一邊皺著眉頭說：「好像吃牆似的」，這時我就想，你還不如天天吃碗冰粉呢。

做冰粉的過程，有種魔幻的感覺 —— 把冰粉籽包在紗布裡，打一盆涼井水（自來水也可以，但是不能用涼開水，我也不知道為什麼，反正用了涼開水就做不成）浸潤了，然後使勁用雙手搓，慢慢的你會看見一團團

絮狀的東西在水裡飄散開來。等到什麼東西也搓不出來了，就把調好的石灰水倒入盆裡，不用太多，可以試著倒，然後攪拌一下，等一會，就會看見凝成的透明的結塊。等到全部凝成了，冰粉的主料也就做好了。

冰粉本身沒有什麼味道，可是它的質感真是非常誘人。它不像果凍那麼硬挺，而是顫顫巍巍的，好像一碰就要散開，可是又有一些彈性，像是水快要變成固體的狀態。透明的彷彿水晶，可是內部又有層次。在四川，一般就是淋上紅糖汁，喜歡更冷的，還可以灑上碎冰。小女孩們有時候也會倒上牛奶或者椰漿，然後拌上紅紅的西瓜丁、瑩白的梨子丁。再講究些的，會加上滋陰的枸杞子，撒上補鋅的黑芝麻，一碗粉妝玉裹、嬌嬈萬分的冰粉糖水就橫空出世了。在雲南，因為人們喜歡食用鮮花，就有一樣特殊的調味料了 ── 玫瑰糖。用新鮮的玫瑰花瓣，拿泉水洗乾淨了，一層花瓣一層白砂糖，壓得緊密結實，在小瓷罐子裡，放上一段時間，就會成為花、糖一體的甜醬，拌在冰粉裡，濃濃的玫瑰芳香，據說我的朋友，就是用這幾塊錢散發著玫瑰香氣的冰粉把女朋友「騙」到手了！

在大理古城，經常在大青樹下還有冰粉攤子，真的是把冰粉這種食品發揮到極致了。一個玻璃櫃子裡，放著煮好、糖滷過的綠豆、紅豆、薏米、小菱角、核桃、芝麻、花生、蓮子、櫻桃、紅棗、各色果脯……這些都是拌冰粉的小料，隨客人喜好添加。吃上這樣的一碗冰粉，入口有冰粉的滑、花生的脆、芝麻的香、蓮子的清甜、櫻桃的嬌美、綠豆的清涼與綿沙，然後這種種美妙的滋味隨著冰水的清涼直入肺腑，然後又散入四肢百骸，這時候你就會很狂地說一句話：「哼，果凍算什麼！」

額外說一句，大理有的時候叫冰粉為「木瓜水」，據說是因為用酸木瓜漿子也可以點出來冰粉。大理人也喜歡在冰粉裡加入「涼蝦」 —— 一種用稻米製漿煮熟，用漏勺漏入涼水盆中而成的小食，因頭大尾細形似蝦，故此得名。大理話發音更似「冰粉良宵」，夏夜良宵，一碗冰粉，伴著玫瑰花香，別有一番詩情畫意。

● 薑柄瓜和瓜花

凡是愛一個人，便恨不得含在嘴裡、捧在手上，然而含在嘴裡怕化了，捧在手上怕摔了。最保險的，是吃到肚子裡。吃還不能剩下什麼，剩下一點手臂腿的說明你愛得不深，我看《西遊記》裡那些妖怪要吃唐僧，大概是連渣都不會剩的，剩了就說明唐僧不值錢了。

我就是把這種愛博大化了，所謂「博愛」。但是主要針對食物。食物裡我博愛的最徹底的是南瓜。為什麼這麼說呢？因為南瓜一家子都讓我思索著吃了，真正的一點沒剩。

先說小的時候。那時候，南瓜還是南瓜子，我就把它炒了吃，如果小孩腸胃不好，有蟲子什麼的，就生吃，效果好得很。偶爾有漏網之子，在地裡長到出現嫩莖的時候，我又出現了。所以，這樣的個別漏網實在是有意為之。

南瓜的嫩莖叫什麼呢？叫南瓜尖。南瓜尖上有蜷曲的細絲，還有帶有茸毛的小葉子，可以切成小段大火少油快炒，臨出鍋再撒上大蒜茸，瓜尖

翠綠爽嫩，蒜香撲鼻，還清淡不長肉。也可以煮湯吃，就追求「炟」（音
ㄅㄚ），南瓜尖要軟糯，可是湯也是一樣的清爽。

等著瓜尖吃差不多了，南瓜要開花了。南瓜花其實不難看，黃黃的一
大朵，挺招人喜歡的。那怎麼辦呢？接著吃。怎麼吃呢？對付它的方法可
多了。可以把瓜花炒著吃，別有一股鮮味；也可以把瓜花用水燙一下，等
它軟了，用細細的豬肉糜子和了薑茸，做成小豬肉丸子，包在瓜花裡，上
鍋蒸熟了吃；還可以來個更絕的，把瓜花裡面一樣包了肉餡，外面用芭蕉
葉子裹起來，一小塊一小塊夾在火堆上烤著吃，融合了芭蕉的清香就更好
吃了。

瓜花吃過了，小青南瓜該上市了。中國人都愛吃小的 —— 豬要吃乳
豬、雞要吃仔雞，所以，南瓜要吃小青南瓜。別管邏輯，重要的是把小青
南瓜切成塊，用上好的苕粉，加上豬肉塊，加些雞湯一起燴了吃。別看做
法挺粗糙，青南瓜可是帶來一頓大自然的氣息，我就把它叫做「大自然一
鍋燴」。

小青南瓜年紀大了，就變成了老南瓜。老南瓜就更受我歡迎了。切成
塊，可以放在米飯上一起蒸熟了吃，預防糖尿病，又有甜味；可以放在米
粥裡一起煮了吃，遇上一個又綿又甜的，真是一大快事；還可以和百合一
起蒸了，切點荸薺丁和梨丁，又止咳又潤肺的藥膳甜品啊；也能把南瓜煮
軟，煮的湯和麵，南瓜打成泥做餡，包成南瓜餡的小餅，煎了吃、炸了
吃、烤了吃；最少也能把南瓜瓢子掏空了，做個容器，裝什麼乳鴿吞魚翅
之類的，我倒是覺得南瓜比魚翅還好吃些。可惜在北京的時候，老南瓜反

而少，菜市場上基本都是小倭瓜，它們也來侵略了。不過這幾年雲南本土的南瓜品種大行其道，就是薑柄瓜。薑柄瓜個頭不大，通體綠色，瓜形扁圓，下部為鍋底形，既像南瓜又像壓扁的佛手瓜，品質極佳，綿甜適中，嫩瓜煮食、炒食均好，加上雲腿片一起，味道更加美妙。

這不說到老南瓜了嘛，老南瓜不就有南瓜子了嘛。得了，從頭接著吃。人家愚公移山是「子子孫孫無窮匱焉」，這南瓜讓我吃的也是循環往復。您說，我能不愛南瓜嗎？

● 徽有苔

我的母親是安徽人，不過她從小在南京長大，後來也便極少回安徽，因此我也就沒有去過。不過安徽在我的心裡一直是個鍾靈毓秀的地方，雖然古之徽州和今之安徽的疆域並不完全相吻合，但是安徽承徽州餘韻，想明清時期徽商也是十大商幫之一，這種沉澱下來的東西是不會一下子磨滅的。我曾經的夢想就是在水陽江邊、杏花村裡、黛瓦白牆的小居，看著夕陽透過馬蹄牆照在芭蕉樹上，用竹林裡新集的露水泡著一碗黃山雲霧，茶香氤氳，不知塵世變遷。

隨著年齡越來越大，人也越來越現實。年輕時出世的夢想、獨立清流的幻夢已經遠去，不過現實中的香氣卻始終如一。我想這其中，如果說到屬於安徽的香氣，大概主要來自於苔菜。

苔菜是我很愛吃的一種蔬菜，而且經常懷念它的香氣。不過這種菜彷

彿不太常見，知道的人也不多。後來我才知道它也叫貢菜，是從乾隆年間開始進貢皇帝的。

苔菜大概是世界上最早的脫水蔬菜了，有關苔菜栽培的記載最早見於秦朝，至今已經有 2,200 多年了。其實愛吃苔菜的人還是很多的，比如老子他老人家，還有張良，據說他除了從黃石公手裡取得「天書」，還得到了真人賜的苔菜，治好了他的中氣不足之症。當然這些事情具體已經不可考。

苔菜是安徽產的秋苔菜莖除葉去皮切開而成，但是根部一端仍相連，便於搭晒。苔片大部分水分蒸發後，凋萎成很有韌性的綠色蔬菜細條，就可以扎把上市出售，就是我們看到的苔菜了。

《本草綱目》記載，苔乾具有健胃、利水、清熱解毒、抑制肥胖、降壓、軟化血管等功能。常食則延年益壽。而在現代，苔乾經檢驗含有營養豐富的蛋白質、果膠及多種胺基酸、維他命和人體必需的鈣、鐵、鋅、紅蘿蔔素、鉀、鈉、磷等多種微量元素及碳水化合物，特別是維他命 E 含量較高，故有「天然保健品，植物營養素」之美稱。

苔菜的食用方法通常是涼拌。用冷水泡發苔菜，大概需要一小時就可以了，有的時候時間緊用溫水泡，半小時就發開了，可是脆嫩程度就不如冷水泡得好。

然後把苔菜切成寸把小段，加上老陳醋、鹽和蒜茸，拌好後淋上幾滴香油，就做得了，不用放什麼其他複雜的調味品。但是吃起來鮮脆無比，

韌性又很好，滿嘴都是清香氣，還有一種吃海蜇皮的感覺。所以我的香港朋友們也知道苔菜，不過他們叫做「香菜」。

苔菜也可以和肉燒著吃，或者用來炒豆芽。炒豆芽的時候最好放些香干絲，我覺得苔菜和豆製品很搭配，有鮮爽的雞肉味道。一些火鍋店裡有涮苔菜，我試了一下，口感還是沒變，可是往往辣椒奪了苔菜的鮮味，我覺得很難吃出苔菜的妙處來。

傳說古時瘟疫降臨時，苔菜曾經被老子用來救治病患，有藥到病除的神效，這當然是個美好的傳說。可是我倒是覺得苔菜裡真有那麼一股清氣縈繞，就是不知道是不是老子得道而去時特意留下的？不過這股氣更像是劍氣，如同久未聯繫的朋友突然發來問候的簡訊，臉上還沒來得及堆起笑容，就被這突如其來的一劍劃破護體的面紗，那是從內心裡升起的喜悅啊，偶爾為之，心有竊喜。

● 沒有泡菜的四川是不完美的

一說川菜，因為是太接地氣的菜系，每個人都有每個人的最愛。魚香肉絲、東坡肘子、宮保雞丁、雞豆花堪稱經典中的經典；肥腸粉、酸辣粉、擔擔麵、龍抄手是小吃中避無可避的一種懷念。所以，你問別人愛吃四川的什麼美食，千人必有千個答案，唯獨有一樣，只要一提，大家還是異口同聲地認可，那就是四川泡菜。

我有一個哥們，是四川人，有次在四川，我和他一起去菜市場買菜，

他媽媽要做飯給我們吃，順便叫他挑個泡菜罈子。我小時候見過泡菜罈子，就是一大肚陶製罈子，只不過口沿上伸出一圈，然後口上先有一個平板的小圓蓋子，再有一個倒扣著的碗形狀的蓋子。四川的泡菜罈子也這樣，沒什麼特殊，然而我這哥們挑壇子的「絕活」把我震住了。

我記得小時候跟我媽去買泡菜罈子，好像沒什麼特別的挑頭，就是看看漏不漏、有沒有裂，我這哥們也是先摸摸罈子，然後敲敲壇壁，聽著聲音也還清脆，我就打算拉著他付錢走了。結果，人家還是站著，從兜裡「嗖」的一聲掏出一張紙，打火機點著了往罈子裡一扔，然後馬上蓋上蓋子，沿邊沿倒一圈水，看著水嗞嗞地吸進壇壁裡，他才滿意的付錢了。結果他走了，我沒動地方，還在那想呢，這罈子挑得真氣派！哥們說這樣證明罈子密封性好，要是密封不好，泡菜容易壞。泡菜罈子兩層蓋子的設計和泡菜時要加水在圈沿上，都是為了加強密封。他還告訴我一件事我也挺震驚的，他說以前還不用內蓋子，是要棉布包著沙子成為一個小拳頭樣的蓋在罈子口上。我還問了幾遍：「是沙子嗎？是地上那個沙子嗎？那沒有細菌嗎？」這哥們說：「哪來那麼多細菌，反正就是用沙子！」我覺得這也是四川人樂觀精神的展現之一。

四川泡菜好吃，我覺得除了口感上的原因外，還在於它的兼容並蓄。在四川，真的什麼都可以泡啊，比如白紅蘿蔔、黃瓜、佛手瓜、棒棒青、萵筍、仔薑、紅辣椒、豇豆等等，不過像黃瓜、萵筍這類比較嫩、水分大的，往往泡一兩天就可以了，四川人叫「跳水泡菜」。而像豇豆類的，比較難泡，就泡得時間長一些，甚至可以長時間泡在罈子裡不撈出來。

　　泡菜怕壞，所以泡泡菜有幾點要特別注意：一是泡菜用水必須乾淨，一般都用放涼的白開水；二是一定沾不得油，只要有油，泡菜必壞；三是泡菜放置溫度不能太高，四川一般都是冬天大規模地做泡菜，夏天就做得少。

　　如果泡菜水變得特別黏糊了，那一般就是壞了，沒什麼辦法拯救。如果只是表層發了白花，水體還比較清，我記得我們家都是把白花撈出扔掉，再往罈子裡加點高度白酒，而且必須是高粱釀的白酒，一般問題不大，泡菜水可以起死回生，而且味道更佳。我這哥們說，加了白酒容易讓泡菜不夠爽脆，他們四川一般都是多加花椒，不影響質感，口感反而更好。

　　四川泡菜還有一個讓我覺得神奇的地方，就是泡菜居然可以泡葷的！我們都是泡點蔬菜，頂多泡點蘋果片、梨片，為了提味，人家四川泡菜還可以泡雞爪子、豬耳朵！而且還特別好吃，不僅不油膩，味道也十分清爽綿長。

　　後來我在著名的川菜餐廳「眉州東坡」吃過一道老罈子泡菜配香煎多寶魚的菜，選用多寶魚柳精心煎製，加上祕製勃根第醬汁，創造出中西合璧、鮮香極爽的感覺。但這還遠遠不夠，錦上添花的是老壇泡菜丁，四川千年沉澱的美味，和勃根第醬汁碰撞出無法言表的味道。他們怎麼想到這樣一道給人驚喜的菜品的？當我在眉州東坡的泡菜工廠看到幾百個半人高的泡菜罈子的時候，這個問題迎刃而解了。

● 海菜花在海菜腔裡永恆

在雲南的城市裡，我最喜歡的是大理和騰衝。騰衝雖然偏一點，可是當我在和順古鎮閒逛時，發現老年人基本都在村子裡的圖書館寫字看報，還有瀏覽網路學習的，我覺得它一定比到處聽見打麻將聲音的地方有過去的情致、未來的能量。而大理被蒼山、洱海懷抱，古城和新城相隔 14 公里，古城裡有不少商舖、民宿，也有很多外地人，但是它依然是活著的，你在古城裡可以理髮、買菜、逛超市、轉博物館、買花……有不少的當地人在古城裡生活。同樣知名度很高的麗江不具備這些。麗江古城裡只有商舖和民宿，商舖賣的東西同樣讓人驚奇：非洲手鼓、英式調配茶、珍珠奶茶，而你想要買菜、理髮……對不起，去古城外，因為古城不是用來生活的，它是一個裝修成古城的大酒吧，被宣傳成豔遇之都，由內墮落而腐壞到無以修復。

大理幸好還有洱海。洱海的乾淨應該是像保護眼睛那般重要的。洱海裡有一種「環保菜」，是洱海水質的守護精靈。當洱海的水質清澈乾淨時，它們就像美麗的精靈，頂著白色的花冠，擺動著綠色的身體隨著水波蕩漾；當洱海的水質變差時，它們就慢慢消失，直至銷聲匿跡。它們就是──「海菜花」。

海菜花是中國特有的沉水植物，在廣西、貴州等省的高原湖泊中都有，但是在雲南最成氣候，可以形成植物群落，海菜花的長度可以達到三、四公尺，蔚為壯觀。雲南也在很早的時候就發現了海菜花的食用價

值。海菜花的口感是十分黏滑的，卻又碧綠喜人，和一般蔬菜完全不同的質感，加上清鮮靈動的味道，是大理常見但也是十分獨特的鮮蔬。

海菜花最常見的吃法是煮湯，而煮湯中最常見的是和芋頭搭配。也不用多麼複雜，就是清水加上掰成小段的海菜花和切成小丁的芋頭，一起煮到海菜花軟滑、芋頭丁表層綿軟就可以了，加上一勺熟油，撒點鹽花，就可以喝了。喝到嘴裡是滿滿的清鮮，帶著氤氳之氣向周身盤旋。海菜花也可以炒來吃，素炒即可，加了肉反而奪了味，就好像明明是民間的東西非要把它學院化，反而不倫不類，不如原來樣子看著那麼順眼。

海菜花在雲南不止大理洱海才有，在滇南的異龍湖裡也有。異龍湖是雲南省八大高原淡水湖泊之一，湖面十分廣博，占地面積 90 多平方公里，最為出名的是滿湖荷花，每當荷花盛開季節，真的是荷香四溢，香遠益清，有「第二西湖」之稱。早年的異龍湖真的是如仙境一般，如果和漁家借一葉扁舟，從空明的湖水上划過，湖山一覽，如鏡在心，清風拂面，空色交徵。正凝心處，卻忽聞聲聲漁歌，驚醒時看見天邊已現一抹彩霞，湖邊村落隱現，炊煙已起。這緊挨著異龍湖的縣城就是石屏。

石屏和異龍湖是天生相依相偎的，石屏因為異龍湖的涵養而具有了靈性，而異龍湖的得名卻又來源於石屏。異龍湖中有三島，唐朝時，烏麼蠻（彝族的先祖部落之一）在島上築城，名末束城，是為石屏築城之始。宋時島上亦築城。此二城四周環水，故以其島大小，名大水城、小水城。彝語「水城」的發音叫「異欏」，明初漢人到石屏，不解彝語，誤以為「異欏」是湖的名稱，還把「欏」諧音為漢人喜歡崇拜的「龍」，於是就有了

「異龍湖」。

異龍湖的汙染曾經十分嚴重，嚴重到湖裡的海菜花全部死亡，後來引水沖湖，海菜花才慢慢恢復了生機，但是仍然數量有限。不幸中的萬幸，作為彝族寶貴的文化遺產之一的「海菜腔」卻萬幸地存活下來。

海菜腔是彝族傳統的歌曲形式，我第一次聽到的時候，簡直可以用震驚來形容 —— 真的是太好聽了啊。你說它原生態，那是真的原汁原味的高原仙樂，可是又那麼有技巧，高音和低音、真聲和假聲，在不留痕跡的轉換中塑造了令人如痴如醉的完美。海菜腔之所以用海菜花來命名，是因為它像海菜花一樣純淨、不容玷汙，也因為它的聲腔婉轉流暢，像極了隨波浮動的海菜花。

假如你以後有機會去石屏，除了品嘗美味的海菜花，在異龍湖畔，也可以聽聽那人間難得幾回聞的海菜腔，我相信，就在那一瞬間，你心中的花也會全部開放。

● 破布子，古早味

昭英告訴我「破布子」這種樹「古早」就有了。很容易長，貧瘠乾旱的山坡地上都能長。以前的做食人就在田邊隨手種幾棵。它結一種淡金黃色的漿果，也叫「破布子」。不到指尖大小，果皮包著一層薄薄的漿水，算是果肉，剩下的就是它的子了。雖然果肉少，吃起來覺得費事，但是它有著「老臺灣」的痕跡和故事。農家人大大小小平日各有分內的工作。大

人上山的上山，下地的下地。小孩就幫忙看牛，賣地瓜。只有暴風天或者下雨天不能下田的時候，一家大小才能聚在屋子裡。這時候，勤快的農家爸爸就去砍一些破布子枝子回來，全家人一起做破布子醬。小孩把破布子一個一個從樹幹上拈下來。農家媽媽就燒好水，煮破布子。屋外嘩嘩下著大雨，一家大小在屋子裡燒水忙碌胼手胝足地工作，是以前臺灣農家人窩心甜蜜的記憶之一。

「破布子」閩南語早先就叫「破子」，又叫「樹子」。這麼簡單不計名分。好像是一棵樹自報姓名，說：「各位，我是一棵樹。我的名字就叫『樹』。」僅此而已。

這是作家明鳳英的文章〈破布子的夏天〉裡的一段話。當我讀到這段話的時候，我手裡正拿著金姐從臺灣帶來的一罐產自嘉義的樹子端詳。金姐是我們原來做物流系統時候認識的臺灣專家，對人是慈愛的，也很開朗搞笑。經常和我說：「我知道 100 種減肥的方法，可是效果，你看看我的身材就知道了。」然後我們兩個胖子都笑得前仰後合。

其實以前我也吃過用破布子做的菜，在一家叫做「欣葉」的臺灣餐廳。當時是一道破布子蒸魚，我一下子就喜歡上了它的味道。

我喜歡吃破布子，原因有二：一是喜歡它那說不出來的滋味，尤其是帶汁的破布子，要不是用了薑、糖來煮，就是用淡醬油來煮，微酸之中帶著醬油等特有的鮮甜，回味都甚佳；二是我的體質特別容易累積「熱毒」，夏季尤甚，而破布子，是解火聖品，也可以化痰。

　　破布子直接吃也好，做菜也很方便容易。最簡單的是用來蒸魚。我去超市選了一條已經開膛破肚弄好的武昌魚，扁而薄，剞了刀，用水反覆浸泡幾遍，去了體內剩餘的血水，再用面紙吸乾魚身水分。用破布子的原汁浸泡魚肉兩小時，然後把魚膛裡塞滿破布子粒，上鍋蒸十幾分鐘，魚眼突出發白即成。想想我們的先祖，大概也是如此整治食品，既是一種搭配，又能保留食材本身的味道。所以臺灣才會把保留傳統味道稱為「古早味」，也是很形象的說法呢！

　　破布子的料理其實品種很多，而且可以跨界。破布子可以炒蛋，可以蒸豆腐，也可以炒苦瓜等青菜，居然還可以和豆沙拌在一起蒸豆包！這百無禁忌的食材，也許也是暗合了先人們包容而恬淡的內心世界，才會在不同的食物系列裡如此得遊刃有餘。我和金姐很久沒有聯繫了，她兒子 Albert 也是位虔誠的藏傳佛教徒，在北京大學讀考古系，一路本科、研究生的讀上來。偶爾能從 Albert 的微信朋友圈裡看到一些金姐的消息。聽說她現在依然衣食無憂，一直在聖嚴法師的道場裡做義工，平靜而安樂。其實胖子大都是因為心寬，願金姐把這種快樂也帶給她所幫助的人們。

　　嗯，這樣，真好。

● 一包冰糖吊梨膏

　　北京的霧霾治理得不錯，但也不是那麼容易杜絕的，遇到有霾的日子，總要翻出口罩戴上。後來問了問親戚朋友，基本上都有霾了，中國除

了西藏和雲南，陷入了「十面霾伏」之中。各路專家都出來發表了一下見解，主要圍繞著口罩，這 PM2.5 到底用什麼去阻擋。我買了 3M 的、電動風扇的、精油分解的各種原理的口罩，後來一位很知名的專家出來說了一下：這是誰都跑不了的，不從根本上解除霧霾，買什麼口罩都意義不大。

人還是得有希望，我的慣性思維是，先看看能吃點什麼，這就想起了梨膏糖。傳說梨膏糖是唐朝有名的賢相魏徵發明。魏徵的母親多年患咳嗽氣喘病，魏徵四處求醫，但無甚效果。後來這事讓唐太宗李世民知道了，即派御醫前往診病。御醫仔細地望、聞、問、切後，開方抓藥，例如川貝、杏仁、陳皮等皆是理氣宣肺的對症之藥。可這位老夫人卻十分怕苦，拒絕服用中藥湯，魏徵也沒了辦法。偶然一次，老夫人想吃梨，可是年老齒衰，連梨都嚼不動了。一個是不想吃的中藥湯，一個是想吃但是嚼不動的梨，魏徵一合計，乾脆用梨汁、中藥湯摻在一起，可是不僅稀湯掛水的，還特別麻煩，而且誰也沒肚量一下子喝那麼多湯湯水水啊？得把湯水濃縮。用蜂蜜和冰糖把湯水收濃，最後凝成糖塊。這糖塊酥酥的，一入口即自化，又香又甜，還有清涼的香味，老夫人很喜歡吃。結果最終靠這個糖塊治好了老夫人的病。

傳說歸傳說，但是大體上梨膏糖是以雪梨或白鴨梨和中草藥為主要原料，添加冰糖、橘紅粉、香櫞粉等熬製而成，故也稱「百草梨膏糖」，主治咳嗽多痰和氣管炎、哮喘等症。

梨膏糖南方很多地區都有，還是略有不同。安徽的梨膏糖有熟地、滿山紅和肉桂等藥材，其他地區的梨膏糖裡不多見，而且也是組方比較龐大

的，有 50 多種藥材。上海梨膏糖的方子比較小，只有十幾味中藥，但療效也不錯，花式比較多，甚至還有蝦米味的梨膏糖。蘇州的梨膏糖不夠那麼晶瑩，味道也相對來說較苦，可是見效最快。

賣梨膏糖自古有「三分賣糖，七分賣唱」一說，你的梨膏糖再好，但你不會叫賣是不行的，而且這種叫賣是用一種曲藝打趣的方式唱出來，逐漸形成了「小熱昏」這種馬路說唱藝術。我們就在蘇州地區一首〈梨膏糖〉小熱昏中結尾吧：

小小鳳琴四角方，初到你們貴地拜拜光

一拜賓朋和好友，二拜先生和同行

梁山上一百單八將，百草膏裡一百零八樣

有肉桂來有良薑，溫中和胃趕寒涼

打魚的吃了我的梨膏糖，捕得魚兒裝滿艙

砍柴的吃了梨膏糖，上山砍柴打到獐狼

種田的吃了我的梨膏糖，遍地的莊稼多興旺

稻子長得比人高，玉米結得尺把長

讀書人吃了梨膏糖，有了科學文化把北京上

科技鑽研出成果，為建設祖國貢獻力量

大胖子吃了梨膏糖，血脂血壓降到正常

體重秤秤有一百二，無憂無慮精神爽

哎嗨喲，無憂無慮精神爽

小瘦子吃了我的梨膏糖，三餐茶飯胃口香

以前做褲子要六尺布，現在做條褲子要一丈

哎嗨喲，做條褲子要一丈

男人家吃了我的梨膏糖，又當幹部又把家務忙

大嫂子吃了梨膏糖，養個兒子白又胖

哎嗨喲，兒子長得白又胖

小夥子吃了我的梨膏糖，找個對象真漂亮

小兩口日子過得好，一疊一疊鈔票存銀行

哎嗨喲，一疊一疊鈔票存銀行

小伢子吃了我的梨膏糖，聰明伶俐又說會唱

睡覺甜來吃飯香，從小至今他不尿炕

哎嗨喲，從小至今他不尿炕

老頭子吃了我的梨膏糖，脫掉的牙齒又重新長

老奶奶說兒子他不在家，老頭哉你要識識相

哎嗨喲，老頭哉你要識識相

老奶奶吃了我的梨膏糖，容光煥發精神爽

兒子媳婦把班上，帶好孫孫小兒郎

哎嗨喲，帶好孫孫小兒郎

禿子吃了我的梨膏糖，一夜頭髮長得烏楨楨

啞巴吃了梨膏糖，放開喉嚨把大戲唱

哎嗨喲，放開喉嚨把大戲唱

瞎子吃了我的梨膏糖，睜開眼睛搓麻將

聾子吃了梨膏糖，戲院子裡面聽二簧

哎嗨喲，戲院子裡面聽二簧

麻子吃了我的梨膏糖，坑坑窪窪就光堂堂

駝子吃了梨膏糖，冤枉的包袱撂下江

哎嗨喲，冤枉的包袱撂下江

瘸子吃了我的梨膏糖，丟掉拐杖跑賽場

癱巴子吃了梨膏糖，走路一蹦有八丈

哎嗨喲，走路一蹦有八丈

梨膏糖倘若能治病，又何必找醫生開處方

只不過是一段荒唐笑話，茶餘飯後消遣欣賞

哎嗨喲，茶餘飯後消遣欣賞。

●廣東涼茶

我是溼熱體質，最會上火，又不愛吃下火藥，後來發現了廣東涼茶，基本上夏天就離不開了。

我覺得廣東人更容易上火，因為他們的湯湯水水補得太猛了。廣東人

很在乎一個「猛」字,海鮮務必生猛;炒菜務必猛火,才有說不清道不明的「鑊氣」;煲湯必須先猛火,才能把原料的味道逼出來,然後至少熬足兩個鐘頭,才算比較能入口。我其實倒是比較享受廣州的湯水,每次去廣州和好朋友吃飯,他都會幫我弄點五指毛桃燉雞湯、菜乾豬肺湯、龍眼香菇雞湯、花旗參肉汁湯之類的,我都喝得好開心。不過,我發現我不僅沒有廣東人那麼強大的腎(因為他們喝滋補湯是一貫的、明確的、持續的),而且我還沒有他們那麼耐熱的胃。在廣州住了不到一週,我上火了。

可是在廣州,你要不出去吃好吃的,那是很可恥的。我弟李昀澄有一天約我去逛上下九,先是吃了陳添記的涼拌魚皮,後來中午飯吃鱷魚肉,又吃芋頭絲,反正沒怎麼吃綠葉子菜,我覺得我要壓不住火了。他決定帶我去降火。第一個法子屬於「物理降溫」範疇——你不是胃裡有火嗎,我讓你胃裡有冰,就降火了。他先帶我去順記冰室,吃榴蓮雪糕。這冷熱相激會更不好吧?所以我有點食慾不振。然後他決定給我「化學降溫」——使用涼性食物降火。對,他們把北方的上火叫做「有熱氣」。這個熱氣怎麼降呢?他拖著我往前走,來到黃振龍涼茶攤。我知道的涼茶其實只有王老吉和和其正。王老吉幾年前味道特別濃,這幾年淡得和水一樣。和其正大致上沒喝過,我就不好評價了。朋友說,你這樣子,不行,必須下猛藥,我們有黃振龍,更重要的,我們黃振龍還有癍痧涼茶。聽起來很對症啊,「癍痧」是指內臟熱毒,經脈受阻,熱毒透過皮膚散發外出,使皮膚出現紅疹等症狀,大塊為癍,細紅為痧,合為「癍痧」。雖然

我還沒有出痲疹，可是原理是對的啊。

我的天！我以為涼茶都是帶點甜的，都是很好喝的，都是可以下嚥的，結果，不要太早下結論，痲疹涼茶，我命裡的剋星出現了。草藥大師黃振龍師父，我對你的景仰如滔滔江水連綿不絕，這一口斑疹涼茶下去，我的冤情比海深，我的仇恨比山高，真的是苦死人啊。我弟說，這個好了，喝下去相當於刮痧排毒，消暑散熱，開胃消滯……我那時顧不得給他白眼，心想：「這麼好的療效，你幹嘛喝竹蔗茅根水？」其實黃振龍涼茶鋪有很多品種的，比如羅漢果五花茶、雪梨菊花茶、酸梅湯什麼的。

但是話說回來，也正是黃振龍涼茶讓我認知到，涼茶真的不僅僅是一種飲料。第二天我就精神抖擻了，不過看到朋友又安排了桂圓龍骨湯、蟲草花燉雞腳、霸王花燉大骨、三七花燉竹絲雞、石斛燉瘦肉……我立刻去樓下最近的黃振龍買了一瓶外帶涼茶，然後方才覺得底氣十足。

● 我愛燒仙草

我在飲食裡有很多固執的癖好，這些喜好都以「我愛……」直白和潑辣辣地表達出來，比如我愛蔓越莓，我愛曼特寧，我愛莙菜，還比如我愛燒仙草。

大概是身體屬於陽熱體質，又偏胖，故而容易上火，我總是喜歡寒性的食物，夏天的涼茶、龜苓膏、苦丁茶都是我的愛物，更愛的是燒仙草。我女兒也愛上火，她更喜歡龜苓膏，或者說，她還沒太分得清龜苓膏和燒

仙草。然而年紀日長，我體內熱性漸少，加上轉向素食，我已經不吃龜苓膏了。龜苓膏，顧名思義，有龜有苓。龜是鷹嘴龜，苓是土茯苓。鷹嘴龜是名貴的中藥，做龜苓膏用的是腹板和背甲，燒煮成湯，可清熱解毒；土茯苓則可去溼。除這兩種主藥外，再配以生地、蒲公英、金銀花等來加強藥效。主要是在沿海諸地食用，用來清熱去溼，止搔癢，去暗瘡，因而倍受人們喜愛。龜苓膏和燒仙草雖然都是黑乎乎的，但是龜苓膏彈性要大一些，也較為透明。

燒仙草在江西、廣西等地方也叫黑涼粉，主料就是仙草乾。新鮮的仙草是卵圓形或唇形的綠葉子，邊緣有鋸齒，看不出來什麼仙風道骨，等到變成仙草乾，就是細細的枯紫色的莖幹，彷彿連餵馬都不配。而在《本草綱目拾遺》這本以五行分組、帶有幾不可信的仙氣之書中，仙草是這樣被記載的：「一名涼粉草，出廣中。莖葉秀麗，香猶藿檀，以汁和米粉食之止飢。山人種之連畝，當暑售之……夏取其汁和羹，其堅成冰，出惠州府。療飢澤顏。」（卷四‧草部中，篇名〈仙人凍〉）這裡的仙草倒確實有了療飢澤顏的慈悲光輝。

我愛燒仙草，純粹是因為它那特殊的草香味道。把仙草乾在水裡煮到黑濃，用蘇打水一沖，就會成為像果凍般的結塊，帶有微苦的香氣，可以加上幾顆金絲小棗、芋圓，撒把紅豆，煮到紅豆綿軟時，就一起撈出盛在碗裡，熱騰騰的燒仙草就做好了。仙草的苦香彈滑、紅豆的綿軟、小棗的甜美、芋圓的滑糯都融合在一起交替呈現，真的有如仙人珍饌。燒仙草也可以吃涼的，我喜歡把冰鎮後的仙草塊加了棗花蜜，撒點煮好的紅豆粒，

擠半個青檸檬的汁水一起吃下，涼爽宜人，酸、甜、苦和涼、滑、軟混在一起，足可以抵禦夏日炎熱。

燒仙草，不是生在南極靈山上的紫芝，也不是種在崑崙瑤池的蟠桃，還不是凝在離恨天外的絳珠，更不是萬壽山五莊觀的草還丹，但是更貼近凡間，在我的心中，它真的是我離不開的仙草。

● 洪雅苦筍

每年五、六月分，洪雅的苦筍就大量上市了。

一般食用的筍子，其實都有一點澀和麻，春筍尤甚。這個一般指的是毛竹筍、淡竹筍、麻竹筍、慈竹筍……這些筍，苦筍顧名思義是苦竹的幼莖。

早在 900 年前，「寧可食無肉，不可居無竹」的宋代文豪、眉山老鄉蘇東坡，在遠離家鄉多年後，仍念念不忘母親河裡細嫩的雅魚，兩岸滿山遍野鮮美的苦筍，其產量之豐盛，價格之便宜，到了青衣江畔隨處可品嘗而「不論錢」的境地，蘇東坡在給姪兒的詩中寫出膾炙人口的「遙憶青衣江畔路，白魚紫筍不論錢」詩句。白魚乃青衣江特產之雅魚，紫筍就是洪雅一帶產的苦筍，因筍殼呈棕紫色得名。當然時至今日，苦筍已經很金貴了，甚至細嫩一些的，有錢你也不一定吃得到。

我工作的集團下屬的眉州東坡酒樓，最喜歡發掘四川特有的味道，沾

這個光，我不僅到了苦筍的生長地，也嘗到了各種做法的苦筍菜。這苦筍的味道，一個字，苦；兩個字，真苦；三個字，苦裡鮮；四個字，回味無比。

其實早在唐代，就有人愛吃苦筍，還寫了一篇書法，沒什麼名字，只好叫做〈苦筍帖〉：「苦筍及茗異常，佳乃可逕來。懷素白。」這個人是誰已很明白了，狂草書法第一人懷素是也。到了宋朝，蘇東坡自己愛吃苦筍，還把這一喜好傳染給他的弟子黃庭堅。黃庭堅一生因蘇軾而沉浮，可是不改其志，對苦筍也是大愛，還專門為它寫了一篇〈苦筍賦〉：「余酷嗜苦筍，諫者至十人。戲作苦筍賦，其詞曰：泊道苦筍冠冕兩川，甘脆愜當，小苦而及成味，溫潤積密，多啖而不疾。人蓋苦而有味，如忠諫之可活國，多而不害，如舉士而皆得賢，是其鍾江山之秀氣，故能深雨露而避風煙。食肴以之開道，酒客為之流涎，彼桂考之。」這篇文章我覺得寫得非常好，因為把苦筍的特點說得非常透徹。

我吃的苦筍，第一口確實很苦，比苦瓜還要強烈一些。然而確是非常脆爽，回味帶了一絲絲甘甜，嘴裡頓時生津，彷彿從裡到外都清爽了。《本草綱目拾遺》說苦筍：「苦，寒，無毒。主不睡，去面目並舌上熱黃，消渴，明目，解酒毒，除熱氣，健人。」我深以為然。

苦筍的做法多樣，可以切了片做酸菜苦筍湯，可以加了綠油油的芥菜，炒成芥菜苦筍，還可以加入鍋子中，做成苦筍雜菜煲，也可以涼拌，加些雪菜末是極好的。最妙的，這麼多文豪為它寫文章，正可下飯。當年我看書上寫古人喝酒沒有下酒菜，取出《唐詩三百首》，讀一首，欣賞間

手舞足蹈喝一口白酒，以詩下酒，「浮一大白」，那時我不理解，現在明白了，以美文下苦筍，最有古風。

 水土鮮蔬

醍醐蛋乳

● 乳扇與乳餅

　　大理出名的「三道茶」，一苦二甜三回味，最受遊客喜愛的甜茶，中間就要用到乳扇。乳扇乳扇，顧名思義，用牛乳製成的扇形食物。據說大理的乳扇最早產自洱源。洱源是洱海的源頭，那裡有一個壩子，微風拂動著山坡上成片的野花，天色純淨幽藍，白雲朵朵，山下的茈碧湖裡白色的海菜花在盛開，山上成群的牛羊在安靜地吃草，這個牛羊繁多的壩子就是鄧川，因此也就有了白族獨特的地方食品 —— 乳扇。

　　我對一切乳製品都有良好的感情 —— 哪怕別人認為是酸臭的瑞士奶酪，還有酸倒牙的內蒙奶豆腐。所以，我可以說對乳扇是一見鍾情。

　　乳扇的製作工藝巧妙，卻有著白族特有的浪漫和纏綿。我想一般人不

會把酸性食品和牛奶放在一起，認為會使奶質變壞。而至於把牛奶的形狀和狀態加以改變，無論中外古今，也都沒有勇氣把牛奶做成扇面形狀，盛名如瑞士奶酪，是略有氣孔的一坨；內蒙古奶豆腐是易碎的方塊；現代化生產的奶片是彷彿電蚊香片的壓製品。只有乳扇，一種令人費解卻充滿風情的食品。

任何美食的產生，背後都藏著風土人情。大理盛產牛羊，不缺牛乳，而大理人又喜食酸辣，這酸倒不是僅僅局限於醋，木瓜、梅子都是大理人喜歡的食材。這兩樣食材在大理美食裡發揮了不可缺少的作用。不說大理名菜木瓜雞、木瓜魚、燉梅，木瓜、梅子還可以用乾草泡了吃、用辣椒醃了吃、用蜂蜜漬了吃……當然，還可以做成酸漿用來點乳扇。

製作乳扇大體上是把酸水入鍋加熱，再把鮮奶舀入鍋中，用竹筷輕輕朝一個方向徐徐攪動，牛奶遇到酸水，便開始一場生死纏綿，逐漸形成「將我們兩個一齊打破，用水調和，再捻一個你，再塑一個我。我泥中有你，你泥中有我，我與你生同一個衾，死同一個椁」的「你儂我儂」狀態，凝結成絲絮狀的固態物，把這些固態物撈出來，略加揉捏，用木棒將其擀成厚紙頁樣的薄片，再把兩邊拉出角，呈斜長扇形，鋪在竹架上晾乾即成。做好的乳扇顏色乳黃，油潤光亮，有濃郁的奶香味，一般 10 斤鮮奶才可以製成 1 斤乳扇，恰好可以詮釋「濃縮的都是精華」。

乳扇有多種吃法，可以撕成小條生吃，最常見的還是烤和炸。把乳扇切成條，放在炭火上慢慢烤，乳扇受熱會膨脹，用竹籤子壓住一頭邊烤邊捲，烤好後沾上玫瑰醬，花香和奶香融合在一起，才真的是配得上大理美

景的食物。也可以把乳扇丁和核桃碎放在火上燒烤後，撒在烤茶裡，大名鼎鼎的白族三道茶的第二道「甜茶」就做成了。而招待貴客，乳扇還可以做成很多佳餚。比如乳扇包子和燴乳扇絲。乳扇包子，乳扇不是作餡，而是當皮，把豆腐和豬肉餡加香料拌好，用乳扇包好，在油鍋裡慢慢煎炸，乳扇包子色澤金黃，香酥可口；而燴乳扇絲是比較突出乳扇味道的菜。把乳扇切成絲，加上雲腿絲和雞肉絲，上鍋蒸熟，也不從碗裡取出，另用鍋加香菇絲、筍絲、各種調味，加了雞精細細熬，最後加水澱粉勾成薄芡，趁熱淋在碗裡，淋上幾滴芝麻油，頓時香氣撲鼻，人人不由爭相食之而後快。我岳父還擅長做涼拌乳扇。把乳扇切絲，和香菜段合拌，加鹽、醋、麻油調味。

牛乳做的是乳扇，羊乳做的就是乳餅了。乳餅形狀就是類似豆干的方塊，韌性不如乳扇，羊乳的味道也突出，我還是更喜歡乳扇。不過乳餅可以切片和宣威火腿夾在一起上籠蒸熟，再勾玻璃芡調味，就是滇菜名菜「麒麟火夾」。

● 滑蛋：最好的味道在最家常的食材裡

我的職業是培訓師，從業以來一直是在飯店或者餐飲裡面打轉。年輕的時候，我做 PPT 教案，如果編制一堂課的教案需要 5 個小時，可能 4 個小時都是在挑選 PPT 的模板，那些背景、顏色、圖片非要別出心裁，我才會滿意。等到閱歷越來越豐富，我發現自己變了，做 PPT 恨不得就用一張

大白底板，寫的字也越來越少，往往一張 PPT 上就幾個字。這倒和我的美食品味很像——年輕時總覺得菜品是食材越高級的越好，神戶六級以上的和牛、南非四頭以上的乾鮑、伊比利亞吃橡樹子長大的黑毛豬的火腿、中國野生的小黃魚、加拿大的象拔蚌……現在也不是說食材高級就不好，而是把食材的因素放在後面，更在乎美食本身的製作功力和用心程度。一碗認真製作、味道可口的奧灶麵比一碗拼湊著鮑參翅肚而做得亂七八糟的佛跳牆強太多了。食材的深度某種程度上比食材的廣度更有意義。

我堅定地認為，最好的味道在最家常的食材裡，因為你要天天和它打交道，它的脾氣秉性、怎麼做它才最好吃，我們最清楚。在清楚的基礎上配合一定的技法，不要最複雜，而要最適合，這樣做出的菜品，那味道一定是最棒的。比如，最家常的雞蛋做成滑蛋。

滑蛋是粵菜的叫法，這個「滑」字用得如此精妙，顯示了對文字運用的精準程度。炒蛋要炒到「滑」的水準，一下子把質感描摹得繪聲繪色，這樣的蛋一定是極嫩的，而又十分鬆軟，帶著雞蛋特有的腥轉化成的香，從口腔滑進胃裡，卻爆發最大的滿足感，這就是水準。滑蛋要做到這個程度，不是那麼容易的，有幾個基本的要點：一是雞蛋打散過程中不能直接加鹽，因為放鹽一起打的話，雞蛋就會起泡，就不夠滑嫩。或者為了雞蛋能有一個底味，可以把鹽用水調開，加入一點生粉，然後把這個生粉水加到雞蛋裡去。二是炒的時候，一定要熱鍋冷油，這樣下入蛋液後不會沾鍋，也不會讓雞蛋發硬。三是蛋液倒入鍋中後，靜等一會，然後要及時推開底層已經煎成形的雞蛋，注意這個動作——不是滑散，是輕輕地

「推」。盡量保持雞蛋是剛剛凝固就推開，然後繼續把底層剛熟的推開。最後一點，看到基本熟了就可以關火，用餘熱蓋到全熟，這樣蛋的質感剛剛好。

如果僅僅是滑蛋，吃久了也會膩，所以，滑蛋最後變成了一個系列菜品。常見的是滑蛋牛柳和滑蛋蝦仁。牛柳就是牛里脊，牛肉的好處是，雖然熱量和豬肉差不多，但它裡面的元素是促進肌肉生長的，所以你看愛吃牛肉的民族先天的體質和身材要健壯得多。牛柳片也要追求嫩，這和滑蛋是很般配的，但是兩種嫩又有不同的重點，牛肉嫩的存在感還是比鬆軟的雞蛋強烈很多。從色彩來看，一個是紅色系的，一個是黃色系的，喜慶而討巧的色彩搭配。

如果用蝦仁，蝦仁也是嫩的，可是又帶有一定的彈，做好後，蝦仁帶著粉色，和金黃的雞蛋一對比，自然小清新，撒點碧綠的蔥花，恰如春天鵝黃的迎春花帶來溫暖的消息。

● 老北京的幾樣甜品

中國菜裡其實有很多甜品，只是都沒有西點那麼甜，我倒覺得更健康，味道也更適合我常吃。老北京的小吃裡，兩樣乳品、兩樣麵點，都是我常吃的甜品。

說到乳品，知名度最高的估計是奶酪。一說到奶酪，很多人想到的是又臭又酸的外國奶酪。其實外國奶酪我也愛吃，居然還十分喜歡帶著鹹味

的、有著藍色花紋的重口味起司。不過我這裡說的奶酪是中國奶酪，而且專指滿族奶酪。

為什麼這麼說？因為中國其實也有不少種奶酪，比如內蒙古的奶豆腐也是奶酪的一種，而西藏有奶渣子，也屬於奶酪。

滿族人的奶酪和上面所說到的奶酪還有不同，因為它不是使用常見的發酵方法。其實做奶酪，和做奶捲的前期很類似。據傳老字號「奶酪魏」的辦法是：牛奶燒沸，加入白糖、糖桂花攪勻，放在陰涼通風處晾涼；小碗中放上炒過的瓜子仁、核桃仁和葡萄乾；將米酒慢慢地倒入晾涼的牛奶中，攪動，並迅速將牛奶舀入小碗中，每碗蓋上一塊小木板，然後，緊貼著酪桶的內壁，把碗疊起來；把燒紅的煤裝入圓桶形的鐵絲筐內，筐底墊著鐵板放在酪桶中間的空隙處，蓋上桶蓋，約烤 20 ～ 30 分鐘，等到奶酪冷卻後，再放入冰箱冷凍三、四小時即成。奶酪魏有幾個桶我不知道，但是每個酪桶共有 6 層，每層可放 10 碗。

這個方法適合奶酪店，我尋思自己弄太複雜，所以我一般都去奶酪魏店裡吃，順便在牛街上吃點其他好吃的。文宇奶酪在北京也是名氣很大，甚至成為一個旅遊景點。我以前倒是總逛南鑼鼓巷，不過每次去那裡都是人山人海，我不耐煩等，一般都在街口三元梅園解決，覺得也還不錯。

其實老北京也有漢族人的奶製品傳下來。《明宮史》云：「凡遇雪，則暖室賞梅，吃乳皮，乳窩捲。」這「乳窩捲」指的就是奶捲。單奶捲是用牛奶結成的皮子，捲上自己喜歡口味的深色內餡；鴛鴦奶捲是一邊捲山楂糕一邊捲芝麻白糖餡。

也許是受了《明宮史》的影響，我總覺得吃奶捲是件雅事。最好就是下雪天，屋內生著火盆，瓶裡插一枝紅梅，一邊賞雪看梅花，一邊端出外皮勝雪、餡心甜美的奶捲，那真是人生裡一件樂事。

做奶捲其實也不算複雜。現在都用米酒來做凝固劑。把醪糟放在溫度稍高一些的地方放一天，醪糟會略微發酸，酒精度會上升。把醪糟倒入鋪有籠布的容器上，將籠布提起攢緊盡量多地擠出醪糟汁備用。牛奶中加入白糖，倒入不鏽鋼鍋中小火加熱至四周有細微氣泡，即將醪糟汁倒入牛奶中繼續攪拌加熱。一會兒牛奶中會出現絮狀物，繼續攪拌加熱，會發現棉絮狀的牛奶越來越凝固，漂浮在表層，此時可以關火。將絮狀物撈出，剩下的為乳清水，可以直接飲用，也是傳統的強壯劑。將絮狀物過濾，瀝乾水分。然後用手抓揉絮狀物，使其變成相對緊實和細膩的奶團。將奶團用保鮮膜包裹，用擀麵棍將其擀成長方形奶片，切去不規則的邊角，成為標準的長方形，厚約一公分。去掉保鮮膜，取一些紅豆沙餡用表面刷過薄油的擀麵棍也擀成大小近似的長方形薄片，厚也為一公分。把豆沙餡放在奶皮上，再用擀麵棍略為擀壓一下。將奶皮從邊緣慢慢捲起，直到成為一個圓柱體。用鋒利的薄片刀，每隔一公分切片，即成奶捲。

做奶捲一定要選用全脂牛奶，那是因為發明奶捲的時代沒有脫脂牛奶，哈哈。

如果不想吃乳品，也可以選擇麵點類的小甜品。首選是小窩窩。我愛吃小窩窩，開始是純的栗子麵做的，黃得有些不真實，但是乾香無渣，後來變成玉米麵粉加豆麵的，雖然也還香純，但乾了以後吃不僅一嘴麵還容

易劃嗓子。

據說小窩窩也是慈禧愛吃的。大家該有疑問了：「這麼看慈禧還滿節儉的，喜歡吃的都不貴，不就一點窩頭、豌豆什麼的？」可不能這麼想，這麼想就上當了。小窩窩怎麼來的？和慈禧西逃有關。

這逃難，其實任何人都差不多，只是慈禧還有些隨從，還能有口吃的。在去山西的路上，慈禧餓得不行，撩開轎簾，看見有難民蹲在牆角吃什麼東西，看起來吃得特別香。讓隨從去要了一個，隨從一看，窩窩頭，這老佛爺怎麼吃啊？慈禧說沒事，拿過去就啃，吃完了，說真好吃。後來鑾駕回京，慈禧不知道怎麼著一天又想起窩窩頭來了。讓御廚做，不對味，殺御廚，一連殺了三個，結果覺得還是不對味。後來御廚總管思索著用純栗子麵加上精白糖，做了體積小幾倍的窩窩頭奉上，戰戰兢兢地等著。慈禧一嘗：嗯，這個味不錯，就是還是沒有以前吃的那麼香甜。

現在做小窩頭，還是不捨得用栗子麵。一般是將玉米麵粉、黃豆麵、白糖按照 6：4：2 的比例調勻，加少許泡打粉，用清水和勻，和成麵糰；揪成小劑子，做成圓錐形，用筷子從底部捅個窩，上籠蒸熟即可。

小窩窩其實還不算甜，更貼近甜品類型的是糖捲果。捲果我都愛吃，不過我覺得這個果應該是「餜」，因為北方還有安徽等地常把油炸的麵食小點心叫做「餜子」。

捲果分為甜鹹兩種，常見的是糖捲果。我自己經常吃的也是糖捲果。因為我是一個培訓師，經常講大課，一講一天五、六個小時，最擔心氣

虛，而糖捲果的主料是山藥，補氣佳品也。做糖捲果，要把山藥去皮剁碎，另外把大棗去核，青梅、核桃仁、花生、瓜子仁切碎，拌勻後摻上一些麵粉，加水攪拌均勻，包裹在溼潤的油豆皮中，用溼澱粉把口封好，上籠蒸透；準備消毒過的乾淨豆包布一塊，將蒸得的原料趁熱置於布上，捏成三角狀長條，涼後切成小手指般厚的塊，入七成熱的油鍋，炸成焦黃色時撈出；另用鍋加油、水、桂花醬、飴糖，小火炒至黏稠，將炸得的捲果倒入，裹上糖汁，撒上白芝麻就可以了。

鹹的捲果，是用牛、羊肉做餡，加上蔥、薑、鹽和澱粉攪拌好，做成長條形，用文火炸成。

捲果是真正的藥膳。糖捲果裡的山藥，補而不滯，不熱不燥，能補脾氣而益胃陰，是傳統的抗衰老的佳品，而大棗是維他命 C 之王，可以補虛益氣、養血安神、健脾和胃。鹹捲果裡的羊肉，能暖中補虛，補中益氣，開胃健身，益腎氣，養膽明目。

所以，常吃捲果，是最好的養生方式之一啊！

天之禽羽

● 二京的烤鴨

中國有不少古都，不過說到京城，南北二京遙遙相對，都頗有王者之氣。相對北京來說，南京絕對是舊都。舊都沒有新都發展快，故而提起北京，我總覺得南京人內心裡有些憤憤不平，故而臉上也有訕訕之色。我卻覺得每個城市都有每個城市自己的活法，不能比也不用比。北京自有北京的大氣，南京也曾經睥睨六朝，連帶現在依然有金陵王氣和六朝的水雲交織。舊的東西往往都是新的東西的源流，所以大名鼎鼎的北京烤鴨，其前身其實是南京烤鴨。

南京的烤鴨也是明爐烤的，南京人喜歡小糖醋口，南京烤鴨往味汁的方向去了，這對增加食材本身的鮮味是非常有利的。南京烤鴨在乎的是配鴨肉吃的那一碗老滷汁的味道。明爐烤鴨在烤製時，鴨皮下要吹氣、鴨肚

膛內要灌水，這樣才能形成外烤內煮、皮酥脆肉軟嫩的效果。一旦鴨肉熟了，這一包汁水也鮮透。趁熱把酒釀等倒進湯汁，淋上糖色、米醋、精鹽，不能加醬油增色，就是要原汁的醬色，這樣的紅湯老滷才叫道地。用鴨肉蘸著紅滷吃，鹹裡帶微酸，回味裡有鮮甜，鴨肉的美就徹底地展現出來了。

明朝出身於南京，倒是一個比較強勢的朝代。開山的三位皇帝，除了夾在中間的朱允炆左右為難卻又不可抹殺之外，朱元璋和朱棣倒都是勵精圖治的。這兩位都愛吃鴨子。從記載來看，不是鹽水鴨，而是烤鴨。尤其是朱棣遷都北京，把南京的烤鴨帶入，北京才有了後世名聲響噹噹的「北京烤鴨」，也才出現了掛爐的全聚德、燜爐的便宜坊這兩大烤鴨流派。時至今日，你問北京人，各有各喜好的烤鴨店，掛爐的全聚德，為的是一嘴油香；吃大董的烤鴨，為的是酥而不膩；吃眉州東坡的烤鴨，為的是還有川味的辣椒醬一起捲裹；吃嘉里中心的烤鴨，不為大酒店的豪華，為的是袁超英師傅的那一手烤鴨絕活。而燜爐烤鴨，基本是便宜坊一家獨大，「八百年古都北京城，六百年燜爐便宜坊」，這也是蠍子尾巴——獨一份。

北京傳統的烤鴨吃法是甜麵醬加蔥絲，可配黃瓜條，荷葉餅裹幾片烤鴨捲起，已經是好吃無比。近幾年又發展出林林總總的不同吃法。比如一種據說是由大宅門裡的太太小姐們興起的吃法，這些小姐太太們既不吃蔥，也不吃蒜，卻喜歡將那又酥又脆的鴨皮，蘸了細細的白糖來吃。鴨皮入口即化，鮮甜香滑。還有用蒜泥加甜麵醬，也可配蘿蔔條等，用荷葉餅

捲食鴨肉的。蒜泥可以解油膩，將片好的烤鴨蘸著蒜泥、甜麵醬吃，在鮮香中更增添了一絲辣意，風味更為獨特。也有額外添加辣椒醬的。甜口的也有創意，有加藍莓醬的，還有加跳跳糖的。雖說各有各人的口味，起碼也說明烤鴨真的是大眾不可或缺的美食。

其實較為接近南京烤鴨的應該是便宜坊的燜爐烤鴨。雖然不用紅滷了，但烤鴨時不見明火，利用烤鴨爐爐膛的反射熱，鴨膛內灌入特製老湯，燜烤而熟，其思維方式一樣的是外烤內煮。便宜坊非常有特色的烤鴨是「蔬香酥」和「花香酥」。我尤其偏愛蔬香酥。這是有原因的。

我在食材裡不喜歡鴨子，因為鴨子製不好有特殊的腥臊味。但是烤鴨這種製作方法正好克服這種食材的弱點。評價一隻烤鴨的好壞，我有我的評價標準：首先，鴨子應該有濃郁的鴨肉香氣，任何輔料不應該遮蓋這種主料的味道；其次，鴨子在冷了之後應該沒有禽腥氣；再次，鴨子皮在冷卻之後應該沒有「拉筋」現象；最後，鴨子應該少油，少烤製後的殘留物，這樣才健康。便宜坊的蔬香酥完全符合這些要求。蔬香酥用烤鴨車推上來後，烤鴨師傅親自為你片取鴨肉，鴨肉形狀應該如同「丁香葉」。如果您點全套烤鴨，會給最尊貴的客人單獨上一吃碟，裡面放兩條鴨背脊肉絲和鴨頭，意為全鴨最好精華呈獻給貴賓。蔬香酥，係多種蔬菜汁用特殊方法製進鴨肉組織之內，烤好後，片取一片，放在嘴中細細咀嚼，蔬菜的清香味溢滿口腔，但是又不干擾鴨肉本身的味道，而是相得益彰的感覺。這樣的做法還有一個好處就是鴨肉冷了，也絕沒有禽腥氣，吃起來還是淡淡的蔬菜香。特別是鴨子皮，我專門留了兩片放冷了吃，還是入口即化，

不像其他很多小店的烤鴨冷了之後，鴨子皮變得很有韌性，嚼不動。

特殊的還在後面。便宜坊的鴨子配的荷葉餅是綠色的和橙色的。綠色的是用菠菜汁製成的，橙色的是用胡蘿蔔汁製成的，提升了荷葉餅的營養。配菜裡面沒有蔥絲，因為蔥絲味道太濃，會遮蓋鴨子本身的香氣，所以配了生菜、香椿苗和薄荷葉。蘸了醬一吃，全部自然的味道都在你的身體裡了，確實是別具一格的舒爽體驗。

● 一鍋正氣

我在雲南的時候，因為喜歡，常常去鋪子裡看一綠一紅一白一紫。「一綠」，翡翠也；「一紅」，保山的紅瑪瑙也；「一白」，各種銀器銀飾也，「一紫」，建水紫陶也。

紫，在可見光中波長最短，是紅與藍合成的顏色。意為高貴，象徵冷豔，往往天然帶有幾分神祕，幾分憂慮，幾分典雅，亦富於夢幻與羅曼蒂克。紫，對男性而言象徵有事業心、莊重，並有判斷力；對女性而言象徵精神的崇高，神祕而忠貞。說來可笑，我一開始對建水紫陶上心，是因為我左看右看，沒發現它是紫色的，倒是覺得更像一種髮黑的紅褐色。你知道的，我們往往不如先人對事物那麼敏感，也缺乏天馬行空的想像力，故而我決定對紫陶一定要看出個「紫」來。

越是接觸，越是發現紫陶的不一般。建水紫陶和我熟悉的宜興紫砂一樣，並列中國四大名陶，另外兩種是廣西的坭興陶和重慶的榮昌陶。我自

己有一把青年陶藝家三金製的小茶壺，填刻了一位老僧畫像，比紫砂壺更敦實些，我往往用來泡有年分的老茶。

不錯，建水紫陶獨特的就是「填刻」，全稱是「陰刻陽填」。簡單說就是在陶坯上鏤刻一些圖案紋樣，要注意掌握力度，刻深了會刻穿坯體，而刻淺了將無法填彩，這就是「陰刻」。然後用不同於坯體顏色的天然彩泥填入刻好的圖案中。但是由於填充彩泥的溼度與坯體溼度是不同的，而且在乾燥過程中添泥與坯體的收縮率也不一致，因此，添泥要經過兩至三次反覆填壓，使添泥與刻模充分黏合，添泥與坯體表面成為同一平面才算完成。這就是陽填。

建水紫陶的技法雖然獨特，其實原來老建水人最熟悉的紫陶產品卻是很接地氣的，那就是做汽鍋雞用的汽鍋。我曾經見過朋友家一個家傳的汽鍋，顏色較一般紫陶偏紅，略有破損，但是還可以正常使用，油潤從內而外的閃現，外殼上填刻了一叢靈動的蘭花。

汽鍋雞是滇味中的代表菜品，工欲善其事必先利其器，做汽鍋雞離不開一個好的汽鍋。汽鍋雞有深厚的文化底蘊，具有豐富多彩的來歷故事，它成就了雲南建水紫陶實用器皿的發展應用，並發揮了雲南特有藥材的養生作用。汽鍋雞全面展現了雲南菜中清淡淳樸、原汁原味、重油味厚的特點。好的汽鍋要選用建水城郊特有的紅、黃、青、白、紫五色陶土精製而成，其色如紫銅，聲似磬鳴，光潔如鏡，永不褪色，造型獨特，有潭深而可探之貌，又有培養正氣之功。

而一道製作嚴謹的汽鍋雞，要精選放養土雞，以雲南武定閹雞為極

品。閹過的雞肉質會轉向肥嫩，瘦而柴的肌肉會減少。把雞斬成小塊後佐以適量蔥薑放入汽鍋內，下面架在蒸鍋上，雖然看似汽鍋內是無水乾蒸，但蒸汽會順延汽鍋中間高起的錐形汽孔進入汽鍋，對雞肉形成了萃取的作用。特別壯觀的是，往往汽鍋會一個疊一個，一般七八個一柱，高過人頭頂，上面還冒著蒸汽。蒸製三、四個小時後，蒸汽所凝結的蒸餾水就萃取雞肉精華形成湯汁，原汁原味。故整個烹製過程被古人譽為「培養正氣」。所以有的汽鍋雞店會掛一塊牌匾，上面寫著「浩然正氣」，估計孟子他老人家那時候還不知道正氣也可以這樣培養。

雲南人吃汽鍋雞的時候，會另拿一個碗，在碗中一定要撒入三七粉，再用雞湯趁熱一淋，頓時藥香鮮香交融，而雞湯那種純正的鮮美是其他做法所不能達到的，明明是清澈湯水一碗，卻又黃亮誘人，口感有很多層次，唇齒留香。

● 乾巴與臘鵝

雲南是少數民族的聚集地區，其中回族所占比例不少。有回族同胞自然就有清真美食，我在騰衝的街頭就發現了很多回族同胞開設的清真餐廳。我騰衝的朋友們也很喜歡這些清真菜，三五天不去吃一頓「牛菜」就很想念，慢慢地，我也發現了這些雲南清真菜的魅力。

回族清真膳食主要以牛肉、羊肉、雞肉、鴨肉、時鮮瓜果蔬菜及其他副食品為主，特別講究清潔衛生，以鮮活為宜，未經宰殺的雞、鴨、牛、

羊和動物血液一概不吃。我雖然不信奉伊斯蘭教，但是回族清真菜「養壯不養胖」的特點還是很打動我。因為雲南的回族長期和漢族及其他少數民族共同生活，雲南清真菜便具有了很多滇菜的特點。其烹調的各種菜以淡燙鮮香、醇厚回甜、富於營養為特色，還使用了草果、薄荷等大量雲南特色的香料進行調味。

在騰衝，清真館子裡最富特色的是牛乾巴和臘鵝。雲南漢族擅製火腿、臘肉，回族則醃得好乾巴。乾巴是雲南獨特的食品，以尋甸、會澤等回族聚居區產的為最好。乾巴便於攜帶、保存，吃時油炸、水煮、火燒無不可，調味甜鹹酸辣皆宜。我在西藏、雲南德宏傣族景頗族自治州等藏族和傣族聚居區也吃過很多牛乾巴，不過回族食用牛乾巴有很大的不同。醃製乾巴要在寒露前後選壯牛宰殺，割下規整牛肉，在通風處晾透後，用炒過的食鹽揉幾遍，也可加些五香粉、花椒粉之類。裝缸醃時要放平壓緊，再撒一層鹽，用幾層紙紮緊缸口。20 天左右出缸，吊掛晾曬，兩天後平放在簸箕裡加壓擠水再曬，直至肉已乾硬即成。製成的牛乾巴排排列於木架上，塊型齊整，色如粟殼，聞之有香。

藏區的牛乾巴有黃牛的也有犛牛的，多是風乾了後手撕了來吃，更有粗獷的筋道；傣族的牛乾巴通常火燒，然後捶鬆，撒了乾辣椒麵等食用，別有一番風味；騰衝回族牛乾巴最常見的吃法是油煎，柔韌有嚼勁，很有牛肉的特有香氣。

臘鵝是騰衝清真館裡的另外一種美味。以前一提到清真菜我就先想到牛羊肉，後來才知道騰衝回族同胞也喜食鵝肉，尤其是芒棒的回族同胞素

來擅長養鵝，幾乎家家都有養鵝的傳統，少則三五隻，多則上百隻。鵝的餵養很簡單。鵝小的時候切一些菜葉子和著玉米麵粉餵養，稍大一些就用菜葉子、草用水和著糠餵養，白天把牠們趕到山坡上，天黑了牠們會自己回家。鵝成年後，為了能使牠們更加膘肥體壯，就要靠填塞了。塞鵝，有的地方也叫「蹲鵝」，就是將成年鵝由放養改為籠養，使其不能再隨意地展翅活動，每天為牠們塞一種用玉米麵粉做成的飯糰 3 ～ 4 次，直到鵝變得膘肥肉白（一般 20 ～ 30 天的時間）。

鵝填肥了，就可以製作臘鵝了。把填肥的大鵝宰殺乾淨，剖胸掏出五臟，放食鹽、硝、酒等醃製，壓製成餅形，徹底風乾，就成了製好的臘鵝。我不是很清楚臘鵝的食用方法，但是覺得如果要保持鵝肉不是很硬緊，似乎需要先煮一下然後用油慢慢浸炸，便成了一盤鵝油汪汪的臘鵝。用深栗褐香的臘鵝片蘸著鹽巴和草果粉，入口耐嚼，並且有很濃郁的鵝肉香氣。《隨患居飲食譜》曾經注解：「（鵝肉）補虛益氣，暖胃生津。能解鉛毒，故造銀粉者，月必一食也。」《本草求真》也講過：「鵝肉，究之味甘不補，味辛不散，體潤而滯，性平而涼，人服之而可以解五臟之熱及於服丹之人最宜者，因其病屬體實氣燥得此甘平以解之也。」臘鵝肉好吃，鵝油也千萬不能放過，用鵝油拌稻米飯，再撒些草果麵，不僅不膩，還油潤香滑，讓人忍不住連吃幾碗。

當然，清真菜還有很多，像是燒蹄筋、燒牛肉等等，回族同胞們都是深得此類菜餚的製作精要，不僅軟爛滑嫩，而且風味十足。怪不得，雲南清真菜也是滇菜的重要支柱之一呢！

● 南京的鹽水鴨

南京有幾樣吃食，是我很喜歡的，其中之一，是鹽水鴨。

中國人幫菜品取名字，有著近似於狡黠的快樂。我記得有一次去四川，在一個幾十年的老館子裡看菜單，有一道「經得拈」，確實不知道為何物，很期待地點了一份。上來一看，開始是啞然失笑，後來簡直笑得前仰後合，我道是什麼，原來一盤油炸花生米是也，一粒一粒連夾十幾次，還是一大盤，果真經得拈。另外還有一些菜名，是中國人才能理解的，比如「四喜丸子」，英文剛開始翻譯成「四個歡天喜地的肉圓子」，太歡欣了。

鹽水鴨，另外有一個名字叫做「桂花鴨」。

我覺得兩個名字都好，鹽水鴨絕對是豪放派取的，一語中的，直指人心。上好的小湖鴨，炒好椒鹽，細細地塗抹一層，哪裡都不能放過，然後放置十幾個小時入味，接著洗掉這些醃料，用接近於沸騰但是並不翻滾的水加上簡單的佐料細細燉煮，熟了放涼就可以切塊裝盤，大快朵頤。「桂花鴨」這個名字，應該是婉約派取的。最適合穿著旗袍的麗人，輕啟朱唇，夾一塊白嫩的鴨肉，吃下去，張嘴說話前莞爾淺笑，甚至空氣裡都瀰漫如蘭似麝的香氣。桂花鴨還是鹽水鴨，不是用桂花入味，而是桂花開放時節，鴨肉最好，甚至都會沾染一絲似有若無的桂花香氣，便稱為「桂花鴨」。

南京亦是我喜愛的城市，不過從古至今它都有些尷尬。歷史上的南京

也是幾朝的古都，然而這些朝代大多是短命和偏安的。所以南京的名字也幾經變遷，「金陵」尚帶著紙醉金迷的名士風流，而「秣陵」已經讓我感到寒冷的冬意，甚至一片肅殺；「建業」倒是尚存著初生的豪邁與對未來的期冀。這片石頭城，王氣依然纏雜在滾滾紅塵之中，不過始終都籠罩著一層模糊迷濛的水氣。

夏秋季節南京的路邊買鹽水鴨的也比買烤鴨的多。雖說現在的南京，似乎大多數年輕人都偏愛味道具有侵略性的烤鴨。但是在這炎熱的夏天，烤鴨還是會顯得太油太膩，若是斬上半隻鹹鮮可口的鹽水鴨，南京夏天的燥熱就都在皮與肉間消散了。而這種口感是一代一代傳下來的，對於老一輩的南京人來說，記憶中最難忘的味道，也許就是工廠下班回來的爸媽，手中拎著的那隻鹽水鴨，滿嘴都是那股子清香。

南京鹽水鴨也是見過大陣仗、大世面的。Discovery 探索頻道曾經替南京一家叫做「陸家鴨子」的本土鴨店拍過一部紀錄片，講述了陸家鴨子參加南京鴨王大賽的經歷。陸家鴨子似乎也得到了各路美食編輯的喜愛，他們認為陸家的鹽水鴨有一種經醃漬過後獨特的滷水與鴨油融合的香味。鴨肉很瘦，肉感卻很細膩，鴨肉吃起來有種一絲絲一縷縷的口感，難得地做到了鹽水鴨最大的特點「鹹中帶鮮」。

我這樣老派的人更喜歡「韓復興」，一家老字號。韓復興的鹽水鴨不知道是不是老滷的原因，感覺更香、更入味，夏天的時候，切點鴨胸脯肉，還可以在冰箱裡稍微冰一冰，然後煮點白米稀飯，也放到溫涼，就著鴨肉一起吃，又好吃又清爽啊！

● 宜良烤鴨

　　雲南也有烤鴨，最出名的大概是宜良烤鴨。我吃過宜良靠近七彩雲南商城的一家老字號烤鴨，確實驚豔。後來雲南省各大城市基本上都有宜良烤鴨，於是就變成了雲南烤鴨，起碼，我曾住的大理州市基本如此。

　　據我們家美食家我老爹說，如果在下關，是泰興市場的那家「水笑魚」做的烤鴨最好。我不敢肯定，因為下關多的烤鴨牌子是「達繼蓮」。而我自己，最喜歡吃大理古城博愛路上一家「廖氏烤鴨」，除了味道好之外，起碼最近 5 年價格沒有變過 —— 90 元一隻。

　　雲南烤鴨相對於北京烤鴨便宜不少，因為個頭也小。但據說是和北京烤鴨之源流南京烤鴨一脈相承。如果追溯烤鴨的歷史，那是非常悠久的。從宋朝到元朝的古籍中都有關於炙鴨、燒鴨（均為烤鴨）的文字記載，到了明朝，烤鴨成為宮廷美味之一。不過那時的南京烤鴨，是用黑色羽毛、體型瘦小的南京湖鴨烤成，稱為金陵片皮烤鴨，這和後來的北京烤鴨相比，在口味和外形上都存在很大差距。北京烤鴨的產生，是與北京填鴨的養殖成功密不可分的。明成祖朱棣從南京遷都北京之後，每年從運河船運調至北京的糧米數量龐大，落入河內的散糧也不計其數。運河兩岸的鴨子長期以這些散落的糧食為食，體型、肉質逐漸起了變化，人們又借鑑養鴨子的「填嗉法」，創造了人工填鴨法，培育出了體型豐滿、肉質肥嫩的鴨子新品種 —— 北京填鴨。對於這樣的鴨子，製作烤鴨當然和湖鴨的方式不一樣，就逐漸發展成今日的北京烤鴨。

　　而雲南烤鴨相傳是明洪武年間，朱元璋封潁川侯傅友德為征南首領，率領千軍萬馬奔赴雲南，傅友德隨軍帶上了自己的家廚、南京著名的燒鴨師傅，人稱「李燒鴨」的李海山，以便讓自己在雲南也能吃到美味的南京烤鴨。平定雲南後，傅友德返回南京以功封潁國公，加封太子太師，後坐事賜死。稍晚也準備回南京的「李燒鴨」聞訊不敢再回南京，便隱姓埋名，先後在宜良狗街、宜良蓬萊鄉的李毛營，經營起燒鴨生意，開了家「滇宜燒鴨店」，宜良烤鴨就這樣流傳下來了。

　　雲南烤鴨倒是很像明代的南京烤鴨，是用雲南水麻鴨製成，體型不大。麻鴨生長比較慢，但是肉質很緊實，脂肪含量少，另外鴨騷線的味道也很小。一般烤鴨用的麻鴨體重在一斤到一斤二兩之間，所以這也決定了傳統的雲南烤鴨吃法是連骨剁開蘸醬料或者椒鹽粉吃，類似於四川的樟茶鴨，而不是像北京烤鴨那樣片著吃。最近「新新人類們」也片著吃雲南烤鴨，真是不懂生活，雲南烤鴨因為體型小，骨頭都酥脆帶香，就吃點皮子，豈不浪費，暴殄天物耳。

　　雲南烤鴨和北京烤鴨還有不同，一方水土養一方人，自然有一方水土的本土特色。雲南烤鴨是要先醃製，然後才烤的，因而味道更濃郁。做法我覺得還是次要的，最主要的是北京烤鴨皮上刷麥芽糖漿，我們叫「糖色」，而傳統的雲南烤鴨皮上都刷雲南蜂蜜水，大山裡的野蜂蜜最好。還有北京烤鴨講究用果木 —— 蘋果木、棗木等，烤好的鴨子天然有果木香味，而雲南烤鴨講究用松毛烤，所以松脂的香味和藥用效果都能在一隻小小的烤鴨上展現。

說了半天烤法，我們說味道。烤好的雲南烤鴨，皮色棕紅，「身材健美」，剁開後直接吃，不膩不柴，沒有鴨騷味，而且很適合下酒。如果蘸醬或者椒鹽，調味料和鴨肉本身的香相得益彰，並不互相干擾，配飯甚是快意，而我尤其喜歡配鹹的破酥粑粑，滿嘴油香，而又不擔心上火，要知道，麻鴨是很好的涼性食物。

最後，補充說明一句，雲南烤鴨是燜爐烤鴨也。

● 永州血鴨

永州，我覺得是柳宗元的永州，起碼曾經我一直這樣認為。柳宗元的永州，是仿若世外桃源一般的存在，處處皆小景，清泠入吾心。最熟悉的應該還是〈小石潭記〉：「從小丘西行百二十步，隔篁竹，聞水聲，如鳴佩環，心樂之。伐竹取道，下見小潭，水尤清冽。全石以為底，近岸，卷石底以出。為坻，為嶼，為嵁，為岩。青樹翠蔓，蒙絡搖綴，參差披拂。潭中魚可百許頭，皆若空游無所依。日光下澈，影布石上，佁然不動；俶爾遠逝；往來翕忽，似與游者相樂。潭西南而望，斗折蛇行，明滅可見。其岸勢犬牙差互，不可知其源。坐潭上，四面竹樹環合，寂寥無人，淒神寒骨，悄愴幽邃。以其境過清，不可久居，乃記之而去。同遊者：吳武陵，龔古，余弟宗玄。隸而從者，崔氏二小生：曰恕己，曰奉一。」我小的時候讀到這篇文章，曾經在「潭中魚」那句停留很久，浸潤其中不能自拔。好像在心裡升起一塊透明的水晶，裡面的游魚如同在空氣裡一樣自

由。其實，中國人一直追求的就是這種心靈的自由，雖然身在原地，心靈卻如鯤鵬一樣，展翅間遨遊幾萬里。

在永州的 10 年，是柳宗元人身不自由、仕途最失意的 10 年，然而卻是心靈最自由、文采最飛揚的 10 年。「地因人始重」，永州能夠擁有柳宗元是它的福澤。

現今的永州，小石潭因為修建水庫，已經風采不在，留下的只是千古絕唱。不過因緣巧合，我卻能夠吃到永州的一道特色菜，算是從另一個方面欣賞永州的風情吧。

這道菜在永州很有名，故而以地名名之，永州血鴨是也。「永州血鴨」選用永州農家放養的仔鴨為原料，先在新鮮鴨血中加入相關調味料，再在鍋內下油爆炒仔鴨及各種配料，待炒至八九分熟時，將鴨血倒入再翻炒幾下即可出鍋。菜還沒端上桌，濃濃的鴨肉香就已飄過來，充滿了整個飯廳。迫不及待地夾上一筷入口，鴨肉鮮香、鴨血細膩，香辣爽口，馬上你就會被這永州美食的獨特風味折服，胃口大開。

永州血鴨的主要配料是青紅辣椒和新鮮仔薑，也有不同流派，我還見過放油炸花生米的。鴨子一般選用 3 斤左右的。宰殺鴨子前先在預備盛血的碗裡放上少許細鹽，宰殺時刀不離血管，使鴨血順刀流入碗中，然後用筷子不停地攪動，直到血面上起泡，拿起筷子能抽絲為止，這樣的鴨血做好後會比較細膩，放置時也不會結塊凝固。

鴨肉斬成塊，先過油爆炒，然後加入仔薑和青紅椒再炒熟爆香入味。

最重要的工序是加入鴨血,要把鴨肉湯汁舀出 6 成,和鴨血一起攪勻,然後改用溫火,將鴨血倒在鴨子肉上,邊倒邊攪和,再大火翻炒鴨肉使之均勻掛上血衣後出鍋,淋入少許麻油即可。據說柳宗元吃過的永州血鴨是加了醋的,我在我吃的血鴨裡好像沒吃出來,不過倒是覺得仔薑有泡過的感覺,有一些酸味。世事總是變化的,往事不可追,活在當下,感恩這一份永州血鴨吧。

● 沾益辣子雞

我覺得沾益辣子雞看起來挺簡單的,可是,我卻沒想到它那麼好吃。

說到辣子雞,重慶的辣子雞可能更為大眾熟知。重慶的辣子雞追求的是乾香,辣椒占了一多半,在一堆紅亮中發掘、尋覓、「爭搶」雞肉,吃得不亦樂乎。沾益辣子雞卻是帶汁的,我倒更覺得像是香辣版的黃燜雞。

沾益是地名,在雲南省曲靖市,以前是個縣,現在是曲靖市的一個區。沾者,沾光也;益者,利益也;沾益者,利益均霑,財源廣進。其實我也不是特別明了沾益的名稱源流,但是沾益的水流特別多,按照水即生財的風俗認知,沾益確實是有廣泛財氣的。

沾益古稱「交水」,意為江水並流交匯之地。特別有意思的是,我知道了沾益才知道廣東的珠江是發源於沾益的。沾益境內馬雄山是珠江源頭河段南盤江、北盤江發源地,是南、北盤江和牛欄江「三江」分水嶺,坐擁中國長江、珠江兩大水系,河湖共生,水系十分發達。除此之外,沾益

讓我留下深刻印象的還有「五尺道」。五尺道又稱滇僰古道、僰道，是連接雲南與內地的最古老的官道，為連接川滇漢人與古僰人修建的。秦統一中國後，為了有效地控制地方，在夜郎、滇等地設立郡縣，秦始皇派遣將軍常頞率軍築路，由於沿途山勢太險，鑿通實在不易。當時尚未發明炸藥，只能在岩石上架柴猛燒，然後潑冷水使之炸裂。這條古道從蜀南下經僰道（今四川宜賓）、朱提（今雲南昭通）到滇池，由於道路寬僅五尺，故史稱「五尺道」。這條道路儘管狹窄，卻和秦始皇在全國其他地區興修的寬達 50 步的「馳道」具有同等重要的意義，是雲南與蜀的重要商道。

相比珠江源和五尺道，沾益辣子雞可能是沾益區最為人所知的一張城市名片。在當地，最有名的是「龔 ×」辣子雞。只要有名的東西，最後會變成很多人爭搶的犒賞，於是沾益縣三家最有名的辣子雞館子，一家叫做「龔氏」，一家叫做「龔記」，一家叫做「龔家」，這也是個有意思的地方特色。

不管誰家的辣子雞，反正要想好吃，就得認真去做。可是沾益辣子雞還真沒什麼特殊的調味料，我看了一下，大同小異，不外乎上好的菜油、豬油、雞油，當地人說做沾益辣子雞必須用這三種混合的油才香。此外就是辣椒麵、大蒜、薑蓉和蔥白，當然也少不了雲南人喜歡的草果，常見的八角、桂皮，加上醬油和鹽。據說還要用酒泡過的辣椒麵，而且泡的時間越久味道越好，這個我倒是沒吃出來，不過有料酒的味道。

做好的沾益辣子雞，色澤紅亮油潤，帶有鮮美的濃汁，吃一口，入味透徹，香氣令人回味。一般吃沾益辣子雞，光吃雞不行，還有一些搭配的

小菜，雲南人愛吃的炸洋芋條、白水煮苦菜湯、豆花或者小饅頭，一色清淡，正與火爆的辣子雞互補。吃剩下的雞肉和湯汁，最好打包帶走，拿回家去下麵條，也是爽不可言。

其實我忘了說最重點的，沾益辣子雞為什麼好吃？還是要用本地土公雞才對勁，年紀也不能大，剛會啼叫的最好。

蘇州的幾樣吃食
── 母油船鴨、棗泥拉糕和糖粥

蘇州是人間天堂，排名還在杭州之前。蘇州在我的心裡，永遠都是富庶繁華，卻又透著看透世情的清冷，仿如虎丘，有著狂放知名的斜塔，卻並不突兀，因為劍池那一汪碧水透著森森的劍氣。蘇州是明豔的，然而卻有著風骨。

蘇州的吃食，整體的風格是綿軟細膩的，一如代表性的西點。蘇州菜並不在食材上張揚，有的是一腔情思化作陽春水，浸潤美食的是清泉慢潤，而不是濃香如瀑布般沖洩。

蘇州之外，不常見的菜是母油船鴨。名字不太好了解，母油到底是什麼？蘇州傳統上，把在三伏天晒製到秋天的發酵醬油稱之為「母油」。而在 100 多年前，太湖遊船眾多，船家都在船上煮飯炒菜，供遊客食用。船家用整隻鴨子，在陶罐中煨製，原汁原湯，香味濃郁，肉質酥爛不碎，深受船客歡迎，故而稱為「船鴨」。後來船鴨進一步改良，將原來的帶骨

鴨，改為出骨鴨，並在鴨肚裡加上川冬菜、香蔥、豬肉絲等配料，在調味上改用蘇州優質母油，其味更佳，名字也就正式確定了，就叫「母油船鴨」。母油說過了，其實不可缺少的還有川冬菜。

四川冬菜是以芥菜為原料，花椒、八角等香辛料為輔料，經過 20 道工序，歷時 3 年加工而成。此菜歷經 3 個寒冬，立春之日噴香而出，故名「冬菜」。平常菜蔬經過發酵，得天地造化之力，往往美味不可言說。和母油、鴨子融合滲透，味道上初嘗並不濃郁，卻有疊加輝映的回味。

而棗泥拉糕，原本是蘇州的冬春季風味小吃，我猜測，可能是秋棗收穫後，加上乾燥、運輸到蘇州正是冬春之時。以前做棗泥拉糕，多加入糯米粉，做好的糕盛碗中，食時用筷子挑起、拉開，故名「拉糕」，和南京的桂花拉糕有異曲同工之美。現在的棗泥拉糕，配送的多，大致是大工業生產，為了便於儲存和運輸，減少了加水量，並且切成菱形塊，也較之以前硬挺，雖也軟糯，畢竟失了嬌憨可愛的風味。

蘇州的味道，對於我這個北方人來說，確實偏甜。你看，就連粥，也堂而皇之的叫做「糖粥」。初時我不理解，後來才明白蘇州糖粥是個特指，不是米粥加糖也。蘇州糖粥就是紅豆粥，但不是一起煮，紅豆和粥分別而做，紅豆做成流動的黏稠豆沙，粥盛入碗後才將紅豆沙淋上去，有紅雲蓋白雪之美。以前蘇州在冬至日吃糖粥是個定例。這個風俗由來已久，據說至少延續了 1,600 多年，而冬至日食用糖粥還被認為可以預防瘟疫。南北朝時梁人宗懍在〈歲時記〉中說：「共工氏有不才子，以冬至日死，為疫鬼，畏赤小豆，故冬至作粥以禳之。」

　　過去蘇州賣糖粥的器具叫「駱駝擔」，可把灶具、碗盤、食物全放在擔子上。小販一邊挑著擔一邊敲著梆子，發出「篤篤篤」的聲響，孩子們聽見其聲就知道「賣糖粥」的來了。民諺「篤篤篤，賣糖粥」。糖粥雖然簡單，卻能一眼判斷出好壞。總的要求是米粒要開花，但不黏，要爽口，喝到嘴裡既有黏稠不散的感覺，又不能附著在口腔上不爽快。

　　蘇州的美，蘇州的味道，是在沉靜中的風情，不是現代化不好，而是現代則終將失去這種風情。這是一種選擇，但問題是，沒有了這種風情的蘇州，還是蘇州嗎？

一地風味

● 說說我熟悉的山西菜

　　雲南的一位朋友，出差到山西去，問我山西尤其是太原有什麼好菜。我在山西長大，大學又十分喜歡明清商業史，暑假時全家經常去五臺山避暑，故而山西境內有影響的地區我去過不少，說到山西菜我也是侃侃而談：山西菜注重火功，風味特點可以概括為「味重香鹹、喜食酸醋、油厚色重、軟嫩酥爛」。尤其是糖醋菜是一絕，因要用山西特有的老陳醋烹製，味鮮醇正，醋香悠長。山西菜由太原菜、晉南菜、晉北菜和上黨菜四路地方風味組成，而以太原菜為主要代表。太原菜包括了祁縣、太谷、壽陽、榆次等地的風味，吸收京、魯、豫、滬、川等南北各地菜餚烹調之長，兼收並蓄，很有特點。朋友兩眼發光地搶著問：「那都有什麼好吃的啊？」我一思索：「有很多啊，比如羊雜割、頭腦……」朋友接過去：「不

要小吃，來點大菜。」我說：「那有麵宴，山西麵食甲天下⋯⋯」「你能不能說點菜啊？我不愛吃麵。」朋友開始不滿了。「山西菜，大菜有⋯⋯」我腦袋轉了七八圈，看著朋友說：「山西菜有什麼呢？」蕎麵灌腸、太谷餅上不了臺面；糖醋四喜丸子也太小家子氣了；八碗八碟一般都是喬家人才會弄；認一力的餃子、雙合成的糕餅、老鼠窟的元宵也不能當成正式的宴請啊。那山西菜有什麼呢？

晚上回到家裡，我看著老爸老媽很認真地問：「山西菜有什麼啊？」從吃晚飯到晚上睡覺一共 6 個小時，老兩口一會蹦出一個菜來，我在旁邊否定一個。羊雜割，我說過了；大燴菜，有點粗糙；撥魚魚、栲栳栳、擦餎斗，不行不行，都是麵食⋯⋯第二天一早，我還在迷迷糊糊刷牙，我媽過來很興奮地說：「過油肉啊！」嚇得我差點沒把漱口水噴出去。

別說，這一嚇，我還真想起一些山西菜來。肉菜裡有過油肉、北芪羊肉湯，水產裡有糖醋鯉魚，禽類裡有香酥鴨子，菜蔬裡有燒猴頭。過油肉是山西菜裡最常見的，可是做得好的過油肉就像做得好的回鍋肉，無論身分貴賤，百吃不厭。過油肉做法簡單，先將瘦豬肉切小薄片，醃製；然後加雞蛋和少許溼澱粉，抓勻上漿；炒鍋加油，燒至六分熱，下入漿好的肉片，劃散炒成金黃色時撈出；接著用剩下的油炒配料，配料主要是木耳和玉蘭片，用蔥、蒜片、薑末熗鍋，放入已經過了油的肉片和玉蘭片、木耳一起煸炒，加醬油、醋、鹽和料酒，水澱粉勾薄芡收汁即可。別看過油肉簡單，要想做好了其實不容易，裡面有幾個關鍵：一是要保證醃製時間足夠。通常把肉片加黃醬、花椒水、醬油拌勻醃漬 8 小時，中間還要翻拌幾

次，保證入味均勻，而且最好用手輕柔翻拌，用筷子就容易壓迫肉片致失水變老。二是一定要注意油溫，做過油肉，火候至為重要。油溫若高了，肉片黏連，外焦內生；油溫低了又易脫糊，肉片不夠滑嫩。只有合適的火功才能保證肉片平整舒展、光滑俐落、不乾不硬、色澤金黃。三是一定要熟練掌握點醋的技巧。過油肉不以酸香見長，但是一定要藉醋來除腥增香，醋要點得適時、適度、適量，操作時要掌握好時機。可惜，現在的餐館誰還能真的做到「以味為先」？堅決不肯下功夫醃製的，反正各式調味料來充數就行了。另一方面，現在的廚師都是「速成班」出身，哪個肯真正地練好基本功？所以好的過油肉絕對是中國菜裡的大熊貓，非尋覓一些國寶級的烹飪大師而不可得了。

北芪羊肉湯我就更是懷念了，因為北芪絕對是山西的特產，而且要選「正北芪」，就是北嶽恆山之上所產的野生黃耆，也不用怎麼整治，切片即可。和精選的羊肉塊文火慢燉，火候足時自然綿爛酥軟，濃香爽口，鮮美異常，而且絕對的大益身心。

山西雖然是內陸乾旱省分，可是也有一段黃河故道。山西的黃河鯉魚和別處不同，倒不追求什麼四鰓，而是一定要紫尾金鱗，否則必不是山西河鯉，而且也不拘非要用一斤左右的小魚，四、五斤的大魚整治得當照樣味美鮮香。別忘了，山西最著名的老陳醋是做魚的絕佳上品。所以雖然山西也喜蔥油燒鯉魚，但是我更喜歡的也更有山西特色的還是糖醋鯉魚。做法也簡單，將黃河鯉洗淨，兩側雕月牙花刀，用醬油、紹興酒塗抹入味，掛蛋清糊，入油鍋炸成金黃色，撈出淋糖醋汁即成。做好的糖醋鯉魚色鮮

味美，酸香撲鼻，外焦裡嫩，肉嫩無腥。

山西的禽肉菜用到的鴨子，倒不像北京烤鴨那般肥碩，所以做法也不相同。山西香酥鴨，重在一個「酥」字，要先醃、後蒸、再炸，醃鴨料裡也要按照比例配放多種中藥性的香料：砂仁、荳蔻、良薑、陳皮、肉桂、八角、茴香、防風、白芷、甘草、檳榔、花椒、草果、厚朴、丁香等等，不僅做好的鴨子香氣撲鼻，而且可以達到三日回味、補益中氣的效果。

菜蔬山西倒是真的少，品種也不多，否則就不會有享譽文壇的「山藥蛋派」了。可是山西有座五臺山，是中國最大的佛教道場，地位也最高，五座山臺時有靈瀑飛雪，松煙香草，倒真是哺育出品質絕佳的好台蘑。我最喜歡葉斗峰出產的台蘑，往往得自雪松之上，味道妙不可言。這是山西比較有名的特產，其實山西還有另外一種菌類是絕對可以和台蘑媲美的，就是產自垣曲的猴頭菌。舊時山西的富商大賈、封王大官常用好的醬油細細地把猴頭菌蒸燜軟爛，香味濃郁。

雖然最後用這些山西菜把我這「美食家」的臉面充起來了，可是也累得受不了。我在想：什麼時候山西菜可以走出自己的特點，揚眉吐氣，再不用我等這般冥思苦想、掘地三尺般地苦苦尋覓呢？

● 傣味包燒

我有個朋友是做雲南菜的，開八條一號餐廳的小張。他來京學廚，學的是北京菜，所以餐廳裡有滷煮火燒、肘子捲餅、芥末墩等等。他又是劍

川白族，所以也有薄荷燒牛肉、牛肉涼片、銅鍋飯等雲南菜。

北京很多人認為雲南菜就是過橋米線、烤魚、汽鍋雞、鳳梨飯什麼的，其實這些都是滇東南的菜，滇西北也有很多菜品。還有一些人把傣族菜等同於雲南菜，一方面是因為北京早期的雲南風味確實基本是傣味，另一方面是因為傣族菜確實有自己鮮明的特色和口味。北京早期知名的雲南菜館像是金孔雀、傣家村等，做的都是傣族菜。

傣族菜的味道是不管你喜不喜歡，吃過一次就很難忘。2007 年的時候我去緬甸，挺喜歡這個國家。沒有深入，只是在邊境轉了轉，但是也了解了一些緬甸的風土人情。緬甸也許是我去過的最為矛盾的地方。我在緬甸，竟然還走的是舊中印公路，我對史迪威將軍抱有良好的感情，但是走 50 多年前修好的公路真的是一個讓人頭疼的事情。可是，當我在緬甸走馬看花轉了一遭下來，才發現緬甸人可以用蠟燭、應急燈和自家的發電機度過黑夜，但他們用最溫暖、最美麗的燈光照亮佛塔。緬甸人過著簡單質樸甚至貧困的日子，卻從不吝惜用純金建造廟堂。

為我開車的司機，買了一輛很便宜的日本車，其實就是日本報廢的車運到緬甸來賺最後一筆錢。車上的儀表全部不運轉，但是他仍然把車開得飛快，快樂中充滿滿足。緬甸雖然是世界上最貧困的國家之一，但是緬甸有三樣國寶卻是讓多少世人驚羨。緬甸是翡翠的故鄉，盛產神奇的化石 —— 樹化玉，也有品質頗高的好木材 —— 柚木。很多第二次世界大戰時期的鐵橋橋面用柚木鋪就，至今仍然平整實用。可是緬甸人好像對於修路、蓋房沒有更高的熱情，街道上黃土蔽日，房子以竹篾為牆，然而，高

聳入天的佛像，金光閃閃的佛寺，以更為悲天憫人的目光注視著這個動盪卻始終佛法昌盛的國度。

那幾日在緬甸用餐，基本沒怎麼吃飽過。後來回到瑞麗，第一頓飯就立志要胡吃海塞，想了一會，決定吃包燒。包燒，顧名思義包著燒，用芭蕉葉包裹著食材，使用燒烤的烹飪方式。我是從事餐飲業的，餐飲業一直令人頭疼的問題之一是我們有很多不直接創造價值的職位，又必須保留，例如洗碗、收餐具。如果沒有餐具，自然就沒有收拾和洗碗這個環節了。後來北京城開過幾家「水貨」餐廳，就是燒烤海鮮類的東西，都不提供餐具，將烤好的東西往環保紙上一倒，發給顧客一次性手套，大家動手撕著吃，也成為一時風頭很勁的品牌。包燒其實就是很環保的啊，沒有餐具洗滌，可是味道很好。

包燒看似簡單，其實越簡單的東西有時候越挑戰技術，包燒好吃與否，顧客會用腳投票。瑞麗大大小小的包燒攤子，有的門庭若市，有的門可羅雀。包燒可以燒烤蔬菜類的，常見的有瓜尖、竹筍、豆腐；也可以烤肉類的，常見的有魚、蝦、牛肉、豬臉等。烤蔬菜類的，一般加野香菜、青辣椒、鮮薑、大蒜等等；烤牛羊肉類的，一般切末或切塊，加入各種調味料用葉子包裹以後在火上烤；烤魚類的，可以整條裹著芭蕉葉烤，也可以用竹篾將其捆綁後燒熟。這樣被包裹的食材，營養物質不易流失，吃起來鮮、淳、香、辣，有青辣椒的清氣、野香菜的馨香，口感十分豐富。

● 老北京的幾樣家常吃食

老北京留下來的吃食其實挺多的，不過家常常吃的往往是爆肚、炒疙瘩、門釘燒餅，常喝的是麵茶和豆汁。

爆肚，這字挺火爆的，不過真不是用油，是用水爆的。水怎麼能爆呢？我卻覺得，爆肚精妙就精妙在這裡。中國菜講究「水火之變」，日本人不甘示弱，覺得日本料理也不含糊，說中國菜是火之藝術，日本菜是水之料理。

日本料理運用「水」確實是十分精妙。同一種食材的含水量的比例變化，決定了這種食材烹飪的水準和結果。我認識的一位日本料理大師，他做一道簡簡單單的烤多春魚，味道精妙無比。他研究多春魚研究了十幾年，頭部的厚度、腹部的厚度、背部的厚度，含水量都是多少，烤的時候用什麼手法，所以你覺得很奇怪，為什麼一條魚身體上薄厚不同，在同一個火上烤出來卻每個部分味道差不多，這是日本人對水的了解之功力。同樣的，還有日本料理中的湯，我也是很佩服。一片昆布、一塊豆腐、幾片柴魚，怎麼熬製出來的湯那麼鮮美？我的朋友說，昆布怎麼切、豆腐何時放、柴魚在湯中涮幾秒鐘，這個都有講究，這也是日本料理的細緻之處啊。

可是，你讓他們做個爆肚試試！我估計是完全不行。爆肚也是有我們自己的講究的。先說肚。這個肚是羊肚，應該讀三聲。三聲指的是羊的胃，四聲的話指的是羊身上中間那麼好大一塊，估計不能算小吃，怎麼也

是個類似手抓羊肉之類的名菜。然後是爆。完全用水，實際上是汆，但比汆講究，因為你爆的時間長，羊肚吃起來和嚼橡皮筋一樣，你爆的時間不夠，溫度也低，那麼羊肚不夠脆嫩。對，爆肚就吃這麼一種脆嫩勁，一口就咬斷，然而還有嚼頭。這不是一般人能掌握的手底功夫。

爆好了肚，還得有蘸料。主要是芝麻醬，調開了，再加上香菜末，醬豆腐汁、醬油、蔥花、辣椒油，齊了沒？沒，告訴您一個祕訣，必須弄點滷蝦油，少了這個，您怎麼吃都覺得少點什麼味。

炒疙瘩也是快手菜，家常吃就圖個菜飯兩方便。說起來簡單，但是炒疙瘩的歷史很長。民國初年，北京宣武區虎坊橋東北的臧家橋，開了一家名叫廣福館的麵食鋪，店主姓穆，只有母女倆人，供應麵食均為低廉品種。一天幾位常客對母女倆說：「麵條都吃膩了，能否改一個吃法？」母女倆照顧客要求，將麵揪成疙瘩煮熟後撈出拌蝦醬吃，覺得不夠味，又炒著吃，味道果然不同。炒疙瘩由此初步形成。此後母女倆精心製作，並在配料上進行改進，終於使炒疙瘩名聲大振。

現在做炒疙瘩，都用上等麵粉，加水和勻，揉成麵糰切開，麵要硬一些，這樣煮好了吃的時候才有勁。把麵糰搓成直徑為黃豆粗的長條後，再用手揪成黃豆般大小的圓疙瘩，倒入沸水中煮，開鍋後點一次水，要時常攪拌防止沾黏。煮熟後隨即撈出，放入涼水中浸泡。

把菠菜、紅蘿蔔、五花肉等切成小丁，入油鍋，加上蔥、薑、蒜炒出香味後放醬油，然後加入麵疙瘩繼續翻炒，起鍋前加鹽和青蒜段即可。一般炒疙瘩菜和麵的比例一般是 2：3。

以前的炒疙瘩講究的是選用牛肉，也不是切丁而是切絲，再根據不同季節配上蒜黃、菠菜、黃瓜丁、青豆等同炒，出鍋裝盤，雖然不是貴重的吃食，可是黃綠相間，疙瘩油潤，香氣撲鼻，亦菜亦飯。我倒覺得挺適合上班而又自己開火一族。

如果想吃包點類的，又要有肉過癮，門釘燒餅是首選，老北京往往簡稱「門釘」。大家都見過門釘吧？古城城門上常見。別小看門釘，據說門釘源自墨子所說的「涿弋」，長二寸，見一寸，即釘入門板一寸左右。當初用來提防敵人用火攻城，所以在涿弋上塗滿了泥，發揮防火作用。除此之外，到了後來，門釘主要是表現等級之用。清朝時，省級衙門的門釘是七橫七縱，親王府的大門門釘是七橫九縱，而能使用至陽之數、九橫九縱的，只有皇宮的大門和孔廟的大門。從這一點也能看出孔聖人的歷史地位。

說了半天門釘，其實是為了說燒餅。門釘燒餅，顧名思義，是形狀和門釘類似的餡餅。門釘肉餅是牛肉餡，製作講究。我們先和麵。要用開水燙麵然後揉勻，蓋上溼布放在一邊餳2個小時左右。然後做餡。將牛肉餡加上鹽、生抽、料酒、香油、白砂糖、油、荳蔻粉、花椒粉，然後順著一個方向攪打上勁，加入剁碎的蔥和生薑末，繼續攪拌均勻，最後在表面撒上切碎的大蔥末。餳好的麵揪成小劑子，用擀麵棍擀成圓片，放入一大勺餡料，包好壓扁，成為直徑五六公分、高兩三公分的圓餅。餅鐺中倒入適量油，燒至六七分熱時，將肉餅放入鍋中，加蓋慢火煎。一面煎黃後，翻至另外一面繼續煎至金黃即可出鍋。

別小看門釘肉餅，連那個吃慣了山珍海味的慈禧都愛這樣的味道。煎好的門釘肉餅泛著油光，熱氣騰騰的特別誘人。倒是應該趁熱吃，冷了裡面的牛油凝固了，口感就差很多了。不過您可別一大口咬下去，湯汁迸射出來若碰著你的皮膚絕對能弄個二級燒傷。學我，先咬個小口，把醋湯子倒進去，吹吹，再大口吃。

老北京家常喝的，豆汁是獨有，其他地方沒有。豆汁不是豆漿，但是第一次聽說的人往往弄混。我一朋友是安徽人，在北京工作多年，有次我們約在一家小店聊天，我要了門釘肉餅和豆汁，他要的是滷煮火燒，聽我一點菜，他馬上接一句：「給我也來一碗。」我還挺奇怪，豆汁他也能喝？結果豆汁一上來，我滋溜溜地喝了好幾口，他也端起來就喝，喝了一口狐疑地看著我。見我沒什麼反應，他一扭頭衝著店家喊：「老闆，你的豆漿餿了！」

但是豆汁還真是有點餿味的，通俗點說，一股臭腳丫子味。這和豆汁的製作方式有關係。豆汁是用綠豆粉條的下腳料發酵而成的，你說能不酸臭？煮好的豆汁，不稀不稠，顏色灰綠，老遠都透著一股酸臭味，可是愛這樣的味道的，也是老遠就眼巴巴瞅著，嘴裡流著口水。

喝豆汁，一定要配辣鹹菜絲，一般要配焦圈。鹹菜絲我看著好像是用醬醃的芥菜疙瘩加了辣椒；焦圈實際上是炸成小圈狀的饊子。焦圈可以直接吃，也可以搓碎了放在豆汁裡一起吃。不過這種搭配是經過幾百年的實踐驗證的，應該是最佳組合。

《城南舊事》的作者、女作家林海音後來從臺灣來中國訪友，專門要

求要喝小時候常喝的豆汁。老太太一口氣喝了 3 碗，歇口氣，思索思索，又喝了 3 碗，不僅她自己不好意思了，負責接待的中國作家鄧友梅心裡直犯嘀咕：「這樣喝下去，不會把老太太喝壞了吧？」由此趣事，可見豆汁的魅力。所以不管你愛喝不愛喝，到了北京，只要你沒喝過豆汁，我都建議您來一碗，也許這才是真實的老北京。

喝的除了豆汁，老北京人也常喝麵茶。麵茶是用糜子麵做的。糜子麵我們山西人很熟悉，我們愛吃的山西炸糕就用的是糜子麵。東北的黏豆包，皮也用的是糜子麵。

糜子的歷史很悠久，它在古代叫做黍或者稷。別看它形狀和小米很像，不過做成食物後非常黏，我們小的時候也用它和稻米做成二米飯吃。

說了半天糜子，這老北京用糜子麵做的小吃是麵茶。麵茶不是茶，只是做好後顏色遠遠看著像是茶湯，又是用麵做的，所以叫麵茶。做麵茶要把糜子麵加上水，調成稀糊狀。鍋中倒入水，燒沸後，倒入調好的糜子麵糊。再次煮沸後，轉小火，煮約 15 分鐘，其間需不斷攪拌。煮至自己喜歡的稀稠度，關火。把花椒、芝麻和鹽放入鍋中，乾焙出香味，取出用擀麵棍擀碎。拌好芝麻醬，不要太稠。把糜子麵糊盛入碗中，在表面倒上一層芝麻醬，再撒上芝麻椒鹽，就可以吃了。

聽說以前也有人吃甜口的，用桂花熬麥芽糖淋在糜子麵糊上，今天已經大致看不到這種做法了。

吃麵茶講究的老北京人，不用筷子不用勺，碗略傾斜，用嘴沿著碗邊

一吸溜，嘴裡自然有一口麻醬一口麵糊，喝完了，碗裡乾淨麻利。我曾經試過，前幾口可以，後幾口都巴在碗底。我覺得不是我的問題，是現在的麵茶估計已經和那時候不一樣了。我也聽見有人說老北京麵茶裡要放牛骨髓油的，我估計不是，是把老北京油茶炒麵和麵茶弄混了。

● 河南老字號的幾樣美食

說起老字號，大多讓人無奈。一是有的老字號產品不能與時俱進，常聽到的說法是：「我們這是慈禧老佛爺喜歡的。」她老人家喜歡的都是甜的膩死人、油得往下滴的菜，我是不喜歡；二是有的老字號服務還是很「刻板」，不論什麼臉型，一律拉成板磚狀，實在是無福消受。所以，造成老字號今天舉步維艱的局面，大部分還是老字號自身的問題。

我去葛記燜餅之前完全是抱有懷念的態度，鄭州的「老三記」之一——合記燴麵、蔡記蒸餃、葛記燜餅。去的是葛記燜餅黃河路店，還是很喜慶的傳統雕梁門口，一挑繡花門簾，先迎來一個管理人員，滿臉堆笑，熱情招呼「裡面請」。一進屋，呵，這人還真是多。不習慣看桌面上壓著的菜單，服務員主動送了本菜單過來。我們點菜，絕對都是朝傳統方向點，原味燜餅、牛肉燜餅那是肯定的，再來一品醬包鴨、絲瓜麵筋湯、酸菜鴨血、香菜拌桃仁，再來一碗紅豆粥。

先來的是拌桃仁，桃仁量給的實在，食材品質很好，口味也很清淡。接著來的是麵筋，連湯帶水，絲瓜也很清香；味重的在後面。酸菜鴨血裡

的酸菜味道很正,白菜絲還帶著一絲脆嫩,可是酸得恰到好處,酸裡透著香。我很喜歡醬包鴨。仍然是河南傳統的喜餅,用油炸了分成兩片,用來夾醬香濃郁的鴨肉丁,裡面還有不少松仁,香啊!

主角登場了。按照傳統的做法,燜餅是先用五花肉塊,加入各種香料,在罈子裡紅燒,然後取出加上青菜打底,再把烙好的餅切成簾子棍條,一塊燜製而成。用鄭州朋友的話就是:「你要吃葛記燜餅?那得特別餓,吃完了晚上就別吃飯了。」可見傳統的葛記燜餅是很油膩的。實際上我們吃到的葛記燜餅並不很油膩,店家也在按照現代人的口味進行改良。給我印象最好的是牛肉燜餅,牛肉軟爛而不散,香氣濃郁,餅燜的軟硬適中,口感香軟,讓我連連舉箸。

飯後一碗紅豆粥,雖然有點過甜,然而紅豆顆顆外形飽滿,裡面卻已經化開成沙,勾芡濃度合適,既有滑順的口感,又有綿沙的質感。仿若好戲結束,仍有餘音,裊裊不絕。

鄭州還有個老字號,是我每天基本都要去光顧的,就是「方中山」。方中山其實只有20多年的歷史,但是糊辣湯是真好喝。早早地去吃糊辣湯,未進大門,就看見人頭攢動。江湖之中臥虎藏龍,別小覷糊辣湯,此小吃打遍中原無敵手,在早餐中點用率最高。糊辣湯顧名思義,糊乃糊狀,辣源於胡椒,湯則裡面必有其他配料。中國人的胡椒,大約在唐朝時期傳入,唐時國都位於陝西,所以我在西安也見過類似糊辣湯的吃法。而中原地區大量的食用胡椒我覺得可能還要晚很多,因為在宋代流傳甚廣的《太平惠民和劑局方》裡記載了在食物裡加入辛溫香燥藥物來疏肝醒脾,

可以看出，胡椒之類仍然多被當作藥物看待。那麼我想，金元時期可能是糊辣湯的肇始。

金元的統治者皆為草原部族，喜食牛羊肉，要想克化牛羊之味，必然要借助胡椒等香料。而隨後的王朝，明朝帝王信奉回教，清朝帝王來自關外，也喜食牛羊肉，因此糊辣湯大概得以大行其道，綿延幾百年而不衰。

現今的糊辣湯，大多以羊骨頭敲碎長時間熬湯為底，之後過濾，加入粉條、麵筋、金針、木耳、羊腎等，還可以加海帶絲、牛肉丁、榨菜、馬鈴薯丁、丸子、白菜等等，理論上可以達到無所不加之境界。快熟時調入澱粉勾芡，放入胡椒粉、花生仁、花椒、茴香、醬油、精鹽調味即成。喝起來鹹香濃稠，胡椒辛辣，可以配蔥花油餅、牛肉盒子同食。也有的河南人喜歡一碗內放半碗糊辣湯、半碗豆腐腦，謂之「兩摻」。

漯河北舞渡的糊辣湯還要加 30 多種中藥材熬製，周口逍遙鎮的糊辣湯用洗麵筋水勾芡，開封的糊辣湯還會加點菠菜，南洋的糊辣湯要使用粉皮而不用粉條，汝州的糊辣湯還有金黃的蛋皮絲，開封的糊辣湯要配了炸好的「油饃頭」來吃，如此等等諸派，各有特色，然而總歸一個掌門，叫做「糊辣湯」是也。

鄭州老三記裡還有個做燴麵的，就是「合記」。「燴」是一種在中國菜裡應用比較多的技法，一般是指把原料略炒而又有湯汁或者勾芡的方法。燴麵，和炒麵的不同也就在這裡，炒麵是沒有湯汁的，而燴麵一定有湯汁，只是多少不同而已。大部分地區的燴麵湯汁都比較少，只有河南燴麵是寬湯的。

河南燴麵是寬麵條，一般也比較厚，所以很筋道。鄭州號稱「燴麵之城」，可見燴麵在鄭州是常見的一種小吃。河南是中原糧倉，麵食比較出眾不在話下，不過我以前不知道，鄭州居然有那麼多的羊湯燴麵。我以前覺得中原地區應該是不怎麼寒冷的，果真去了鄭州發現民宅裡基本沒有暖氣，而我一直以為，愛吃羊肉是我們北方民眾的習慣，但即使是我們，夏天是不吃羊肉的，擔心上火。而鄭州，居然一年四季都吃羊肉燴麵，我很奇怪。後來發現，鄭州其實夏天比我們更熱，冬天比我們也暖和不到哪裡去，似乎有所理解。

鄭州燴麵倒不僅僅是羊湯，也有很多是三鮮燴麵，也有牛肉湯燴麵。合記羊肉燴麵，選用上好鮮羊肉，反覆浸泡去血水，然後下鍋煮，不斷地撇出血沫，加上大料、荳蔻、砂仁、鹽等煮到爛熟。另用精白麵粉，兌入適量鹽、鹼和成軟麵，這樣麵條筋道不容易斷裂。然後反覆揉搓，麵糰才能上勁，之後擀成大圓麵片，切成寬麵條。下麵要用原汁肉湯加水，再把寬麵條抻拉一下入鍋，煮好後放上羊肉片，配以黃花菜、木耳、粉條等。上桌時外帶香菜、辣椒油、糖蒜等小碟。

但是每個人有每個人的口味，你要問鄭州人哪裡的燴麵最好吃，估計你問 10 個人會有 10 個去處。不過也好，10 個地方一家一家的吃，你會發現自己原來也是品嘗燴麵的專家。

後來我也到鄭州以外的城市蹓躂，去了開封和許昌。開封也有老字號，我去了「黃家包子」。他們的包子確實皮薄湯汁多，咬一口鮮美得不得了。而且在開封吃包子，有個很北方的搭配 —— 喝雞蛋湯。這個其實

是蛋花湯，有點紫菜，勾個薄芡，讓我很懷念小時候吃的早餐。不過我更中意他們家的炒地瓜泥。為什麼最喜歡吃這個？因為原材料簡單，地瓜又是好東西，最關鍵的，這個其實是很考驗廚師功力的一道小吃。如果廚師做得好，色香味俱全；如果廚師水準不行，行業裡通俗的話講「慫廚子怕旺火」，那麼不僅炒不好，還很有可能巴鍋。

炒地瓜泥據說是由河南杞縣大同飯莊的廚師蔣世奇始創於民國初年，但也有說法是宋朝宮廷特點。因為保溫性良好，要在祁縣炒好快馬送入開封皇宮，仍能熱氣騰騰、甜美無比。

不管怎麼說，大家都承認炒地瓜泥源於河南杞縣。這個杞縣其實挺有名的，就是「杞人憂天」故事發生的地方。從前在杞國（現杞縣），有一個人突然想到：「如果天是很厚的氣積聚而成，那麼太陽、月亮和星星不會掉下來嗎？」從此以後，他幾乎每天為這個問題發愁、煩惱，無論別人怎麼勸導，他仍然時常為這個不必要的問題擔憂。我倒是覺得炒好地瓜泥比這個天要不要塌的問題複雜很多。

炒地瓜泥當然要先處理地瓜。把地瓜洗淨去皮，上籠用大火蒸熟，搗碎成泥。鍋內放豬油，將地瓜泥、白糖、糖桂花放入，加少許開水，邊炒邊用勺子攪拌。炒製時候用中火，以免白糖受熱不均勻而糊化影響口感和色澤。等到白糖溶化，白糖、糖桂花、豬油、地瓜泥充分融合，並且不沾鍋、不黏勺時，撒入炒過的芝麻、葵花籽、核桃仁碎、青紅絲即可裝盤。

炒地瓜泥味道很甜，顏色根據選用的地瓜的顏色不同，有橙黃的也有紅紫的。不過味道都是甜軟綿香，令人回味。不過好東西不能多吃，炒地

瓜泥的含糖量是很高的，其實最好是不放糖自己做，對身體最健康。

在許昌，我愛的是「海三包子」。海三是老闆的稱呼，估計姓海的老闆在家排行老三，也說明了這是清真小吃。包子其實是水煎包，當然給我第一印象特別深的是，海三包子是三角形的。而在我們北方，三角形的一般是糖餡包子，牛肉餡的起碼我沒見過。

等到這包子一上來，外皮白裡帶著韌勁，色澤鮮豔，外焦裡嫩，油光光的，我覺得可靠。再看水煎的那層漿底，整齊成片，焦脆金黃，這說明火功掌握得不錯。趕緊吃一口，餡的牛肉味道特別濃，調的滋味香美融合，肉質很好，說明老闆捨得用料，肉汁也很多，這一口下去，嘴裡都是鮮美的味道。

後來和店家聊天，才知道海三水煎包始於 1960 年代，採用回族民間獨特的烹飪技藝，精心製作而成。因為色、香、味、形俱佳，在 1980 年代曾經風靡許昌的著名商業步行街 —— 奎樓街。現在掌管的師傅是海家第二代傳人海三（我果真猜得不錯），海師傅在繼承前輩傳統特色的基礎上，不斷挖掘創新，尤其在製作工藝方面取百家之長，選用的餡肉全都是優質新鮮的小肥羊、小肥牛，合理搭配，再加入各種天然調味料，麵皮採用人工發麵，製成的水煎包，果真味美。30 年前就已經成為許昌地方名吃，2003 年又被評為「河南名吃」，2005 年成為中原名小吃，而現在已經是「中國名小吃」。

你看，真的是不能小看中國的小吃，你隨便聊聊，都能發現背後很多的歷史故事，也才更加相信，民間美食都是大隱隱於世的。

● 潮汕的兩道糖水

我是山西人，生長在黃土高原，可是卻挺喜歡潮汕的飲食，這是個挺奇怪的事。後來朋友說：能吃的有你不喜歡的嗎？我還是解釋了一下：檳榔吃不來，然後狗肉、驢肉、馬肉、鹿肉不吃。

話說回來。潮汕的很多東西我都愛吃，比如蠔烙、牛肉丸、蘿蔔糕等等，後來又發現了幾道糖水，尤其喜歡清心丸和綠豆畔。不過，得先說清楚「潮汕」。我很少說「潮州」，通常說「潮汕」這個詞。

廣義的潮州，也就是歷史上的潮州，此定義已有上千年歷史，主要包括現在的潮州市、汕頭市、揭陽市以及豐順縣等。共同的生活習慣，共同的民風民俗，共同的文化背景，共同的語言環境，共同的價值取向，共同擁有了潮州人的稱謂。但是目前行政區域上的潮州市，是在 1991 年 12 月將原來的副地級市升格的。作為地級市，潮州現在管轄潮安區、饒平縣、湘橋區和楓溪區。湘橋區也就是通常民間稱呼的府城、潮州城。 但是，無論是國內還是海外，關於潮州的概念，還是傾向於廣義的潮州，甚至就是廣義的潮州。因為很多東西是沒辦法按照土地行政區劃來分開的。

潮汕把用米粉、麵粉、薯粉等澱粉類加工製成的食品，都稱「粿」。清心丸就是其中的一種「粿」，它用的原材料是城鵝粉。這個詞我基本記不住，照我的習慣來說我一般叫鵝城粉。城鵝粉是一種植物澱粉，別名也叫江西薯粉。我沒見到怎麼做的，問了一下，大體就是城鵝粉用開水燙，反覆揉搓，最後搓成長圓條，然後切成一小段一小段的，就可以煮了。因

為清心丸本身沒什麼味道，所以水裡要加點白糖。煮沸後，再將已做成的清心丸倒進鍋裡，然後稍等一會，加入少許的水澱粉一起煮熟。這樣，煮好的清心丸不僅不會下沉於鍋底，而且晶瑩透亮，吃起來韌中帶有彈性，既清甜又止渴。這種可以清心的感覺就是它名字的來歷。

清心丸在潮汕基本不單獨吃，通常加湯圓、馬蹄、山藥等東西一起煮著吃，也有人愛加綠豆畔，不過，我喜歡單獨吃綠豆畔。

什麼是「畔」呢？反正潮汕人把磨成兩半的綠豆叫做畔。而且綠豆畔和綠豆沙的追求不一樣，綠豆沙要粉粉的、黏稠的，綠豆畔追求清、爽。綠豆畔不要綠豆殼，只要一畔畔淡黃的綠豆畔，瀝去水分後要放入蒸籠裡蒸熟，便可下鍋煮了。

煮綠豆畔和煮清心丸類似，水裡要加適量的白糖，煮沸後，同樣需要將適量的水澱粉慢慢地調入到煮沸的白糖水中，煮成極稀的糊狀，再加入蒸熟的綠豆畔，並反覆攪拌均勻。但是水澱粉不能太多，否則會變成黏稠的糊糊，這樣就不清爽了。綠豆畔也可以加百合、薏米等一起煮，不過我喜歡的是單純的綠豆畔，煮好後加一些陳皮糖水，撒點乾桂花，花香濃郁中，甜美爽口，還無負擔，真是極好的。

元氣穀物

● 餌絲餌塊：雲南早餐的念想

在雲南大理厝居幾年，從開始的不熟悉到熟悉，再回想起來彷彿模糊了記憶 ── 人是個有意思的認知體，當遇到不明白的事物時，往往會條分縷析地弄清每一個細節，等似乎已經清楚了，就會只保留一個印象，從工筆變成寫意派。我對雲南的記憶就是一個個的印象，往往只保留了最突出的部分。對於晚餐吃得比較少的我來說，早餐絕不是可有可無的，雖不至於炒幾個菜來吃，但是絕對要吃點合心意的。印象裡，雲南的早餐有破酥包子、麵條、油條等，但是要說特色，餌絲餌塊絕對是第一位的。

喜歡米線的和喜歡餌絲的絕對是兩個隊伍：米線滑而易斷，餌絲軟糯有韌性，質感差別還是挺大的。而我是堅定的「餌絲派」。不過，對於北方人來說，聽到「餌絲」這個詞，其實首先想到的是涼拌豬耳朵絲，這

道菜在北方被簡稱為「耳絲」。而餌絲來源於餌塊，都是比較古老的食品了。餌，《說文解字》中說：粉餅也。其實在古代中國，泛指一切澱粉類食品，比如餃子也被叫做「湯餌」。若再細分，麵類製品為餅，米類製品為餌。餌塊其實就是稻米舂成的薄圓餅子，把餌塊製成絲或者直接用稻米粉做成麵條狀的長絲，就是餌絲了。

餌絲也許是世界上我唯一一種吃不膩的東西了。它符合我對食物的質感需求 —— 喜歡一切黏糯的質感。而餌絲的吃法多種多樣，也滿足了我的口味需求。餌絲可以煮、可以炒、可以蒸，各有特點也各有擅長之所。炒餌絲裡面一定要有雲南的酸醃菜，才會有雲南的味道。酸醃菜是用雲南苦青菜醃製而成，各家的味道都不一樣。很多時候，我們都是衝著誰家的酸醃菜好吃，給的量足而去吃飯的。炒餌絲裡有酸醃菜的小丁，高溫炒過後，香氣更足，吃在嘴裡，那種酸爽的味道，忽忽悠悠地飄進五臟六腑，讓我渾身都那麼舒服。

煮的餌絲最好吃的是巍山㸆肉餌絲。巍山㸆肉確有其獨特的味道，是選取剛剛宰殺的新鮮豬後腿、肘子、腹部的三線肉，肥瘦相間，不柴不膩，在栗炭火上用猛火將外表燒焦，然後放進溫水裡浸泡一下後再將燒煳的毛渣刮洗乾淨，現出金黃透白的皮色後，放入大的砂鍋中，加適量草果、雲腿、本地閹雞肉，用文武兩火煮燉。經過一天一夜，肉爛味濃，奇香撲鼻。寫到這裡，我眼前彷彿都出現了一大碗巍山㸆肉餌絲，㸆肉香濃，餌絲白滑，配了乾焙的辣椒麵、香蔥花、大蒜汁，真的是滿嘴流涎。騰衝還別有一種細餌絲，不需要煮開，只在滾湯裡一燙便熟了，很是方

便，味道也很不錯。

　　如果在大理，我還會去吃「雙橋園」的滷餌絲。昆明人認「橋香園」，我嘗過，還是覺得雙橋園的更好吃。雙橋園有很多餌絲的吃法，很有特色的是臭豆腐餌絲。這個臭豆腐不是北京王致和的那種臭豆腐，王致和臭豆腐是青方，有青黴在裡面，故而是發青的顏色。大理的臭豆腐只是較淺的發酵，豆腐有臭味，吃起來黏黏糊糊的，但是沒有王致和的那麼臭。臭豆腐和肉湯一起煮再加上餌絲就是臭豆腐餌絲了，一樣的，愛吃的愛死，不愛的正眼都不瞧一下。更受大眾普遍歡迎的是滷餌絲。滷餌絲的味道比煮的更濃郁，我想是因為不帶湯。和同樣不帶湯的炒餌絲的區別就在於餌絲要用肉湯滷一下，把肉汁收到餌絲裡，然後再加入油、鮮肉末、韭菜、甜鹹醬油等佐料，就可以出鍋了。吃滷餌絲要自己先仔細拌和均勻，一來怕黏在一起，二來味道更調和。拌好的滷餌絲色澤就帶了醬油色，引人食慾，味道很香濃，香、鮮、甜、鹹、辣、燙會脹滿了你的味覺，讓你覺得原來人生得意須盡歡，盡歡就吃滷餌絲。

　　回到餌絲的前身，說說餌塊。我第一次聽說這個名字，是在國中的時候看艾蕪先生寫的《南行記》。艾蕪於 1925 年、1961 年、1981 年先後三次南行，縱跨半個多世紀。南行也許是他的一個情結吧。艾蕪在他的《漂泊雜記》中說：「一提到漂泊，卻依舊心神嚮往，覺得那是人生最銷魂的事。」在《南行記續篇》後記中又寫道：「南行過的地方，一回憶起來，就歷歷在目，遇見的人和事，還火熱地留在我心裡」，「我始終以為南行是我的大學，接受了許多社會教育和人生哲學，我寫《南行記》第一篇的

時候,所以標題就是〈人生哲學的一課〉。不是旅行,更非旅遊,而是一個青年的『致青春』、一個老人的『致人生』。」而早期的那次南行,尤為讓人難忘,因為伴隨著苦難的陰霾。艾蕪他在《我的旅伴》中寫道:「這時正是 1927 年春末,前夜在騰越城外息店,被窩厚厚的,還感到寒冷,而來到干崖土司管轄的傣族壩子,天氣卻像五六月一般炎熱。頭上的天空,藍閃閃的,面前的原野,迷濛著熱霧。我知道我已經走進熱帶了。」傣家人常把大青樹下的綠蔭作為天然的集貿市場,村頭寨尾路口的大青樹下經常可以看到傣家人在那裡擺攤設點,賣一些熱帶水果或傣家風味食品。每當艾蕪筋疲力盡、飢腸轆轆之時,忽然看到前面有大青樹,隱隱飄來香味,於是加快腳步,上前摸出幾文錢來,買上一塊烤餌塊匆匆吃下。歇息一會兒,又抬腳前行。我想,這苦難之中,也許烤餌塊曾經給他難得的一絲撫慰。

烤餌塊常吃的也是鹹口味的。一個圓形的稻米粉薄餅,放在炭火盆的篦子上烘烤,有的地方出現焦斑,整體變軟,就可以在裡面抹一層辣醬,撒上酸醃菜和熟的馬鈴薯絲,也可以加一根老油條,裹好後往塑膠袋裡一裝,就可以邊走邊吃了。甜口味的烤餌塊也有,同樣烤好了,裡面塗上玫瑰花糖醬,撒上碎花生,照樣裹好也就做得了。

● 糌粑與酥油茶

我信奉佛教,先是修習藏傳佛教寧瑪派,後來又記名禪宗溈仰宗。這

個信仰其實和我最終吃素是一樣的,自然而然,隨順而已。對於西藏文化,我天生有親近之感,而禪宗比較考校文字功底,我喜歡古漢語,便也有了一點緣分。不論藏傳、漢傳,都是佛教,佛法本是一如,區別只在人心。我比一般的藏傳佛教徒理論知識多,比一般的漢傳佛教徒更了解藏傳的儀軌,因而也便容易說大話。其實我心裡明白,修行修行,修重要,更重要的是在「行」啊。

一次我去雲南雞足山,那裡是摩訶迦葉的道場,也是佛教第五名山,迦葉是禪宗的第一祖,但是實際上禪宗是大密宗的一種修行方式,故而雞足山也是藏傳佛教的名山。在山上我看到一位僧人,覺得彼此有緣,聊了幾句,原來是四川的僧人在此掛單,結果覺得清淨就一直留在這裡,已經待了幾年。上山途中我在山腰的小廟看見正在獨自誦經的僧人便是他,怪不得覺得面熟。我稱讚他幾十年如一日的修行,他淡淡一笑:「做了些功課,但不是修行。修了就是修了,沒修就是沒修。」說完就離開了,在山路上行走的速度很快,我才一轉念,就只看見他那隨著山風飄飛的衣角。這對話我回想起來記憶猶新,估計當時芒刺在背,羞愧得汗如雨下。

我才是沒有修行的不肖弟子啊,如此剛強難以調伏的內心。不過好像唯一改變的,是對藏族飲食習慣的接受。我愛喝酥油茶、青稞酒,還有藏式酸奶,也吃奶渣子、糌粑和氂牛肉。而我第一次進藏的時候,最令我感動的也是酥油茶,現在吃素了,彷彿也只能吃糌粑、喝酥油茶了。

我第一次進藏選擇了川藏線,據說,那是進藏最美的一條線路。我們5個從網路上約好的背包客在成都會合,租了一輛切諾基(Cherokee)就

出發了。司機已經多次走過這條路線，然而在然烏，我們走反了方向，事後才知道我們去了雅則村，而計劃中的來古村在來古冰川的另一面。從一開始發現新天地的興奮，到天色漸晚、體力漸虧時的茫然，每個人內心都開始升起恐懼。我站在茫茫草場上茫然四顧，唯有向我的本尊金剛薩埵祈禱，大聲地誦唸相傳了幾千年的咒語。從對面的山上飛出一隻鷹，在我的頭頂上盤旋然後向遠方飛去，我決定跟著神鷹而走，就這樣我來到了雅則村。說是村子，只有兩戶人家，是在這裡修路的。我問招呼我的藏族年輕人姓名，他們平常是不怎麼接觸外界的，故而露出羞澀的笑，在煙盒紙上寫下了「卜住」兩個字。卜住家的生活是清苦的，這很容易看出，然而他便請我喝酥油茶。

酥油茶要先煮好磚茶，然後倒在「董莫」（打茶桶）裡加上酥油、奶粉、鹽使勁地抽提，這樣茶水和酥油才能完全的融合。酥油是類似奶油的一種乳製品，是從牛奶、羊奶中提煉出的脂肪。藏區人民最喜食氂牛產的酥油。產於夏秋兩季的氂牛酥油，色澤鮮黃，味道香甜，口感極佳，冬季的則呈淡黃色。羊奶酥油的香氣和口感都差很多，故而也不多見。酥油是一種高熱量的食物，和磚茶是最佳搭配，酥油茶既能迅速地補充能量，也不會膩口。

卜住打酥油茶的時候，我注意到一個細節 —— 他拿出的酥油袋裡一共只有兩小塊酥油了，他先放了一塊，略微躊躇了一下，把剩下所有的酥油都放了進去。

酥油茶打好了，卜住去隔壁屋子拿了新碗，那碗還是用麻繩捆著的一

摞。這次喝到的酥油茶,色澤淡褐,香氣特別濃郁,表面浮著油花,喝起來鹹香、順滑、油潤,越到後來磚茶的味道越突出,是我喝到的最好喝的酥油茶。我估計我和卜住是真正的一面之緣,前面未曾相遇,後面也不再見,然而,每當我有機會喝到酥油茶,我都會為我只見過一面的藏族兄弟祈禱,願他最終回到佛的淨土,永遠聞到蓮花的清香。

酥油茶也有一個絕配,就是糌粑。糌粑是藏語「炒麵」的音譯,這個炒麵在藏區當然是青稞炒麵。所以,糌粑不是像沒有去過藏區的人理解的那樣是一小團,揉好的糌粑標準的稱呼是「糌粑坨坨」。揉糌粑需要技巧,可以在碗裡放入酥油,加上熱茶水,再倒入糌粑粉一起和,也可以事先做好酥油茶,倒在碗裡加上糌粑粉一起和。揉糌粑往往是左手拿碗轉圈,右手五指配合在碗裡揉麵,最後揉好後,碗裡乾乾淨淨,手指上也乾乾淨淨。我始終掌握不好這個技術,基本上就是揉一會開始逐個舔手指。所以我一般都等著朋友揉好,我直接吃糌粑坨坨。糌粑坨坨可以蘸白砂糖吃,也可以蘸藏區特別的生牛肉辣醬吃。不過吃到最後,總能感受到青稞特有的清香。

● 臺灣有種小吃叫「棺材板」

2017 年北京的冬天並不比往年寒冷,彷彿也沒有特別蕭瑟。沒能撐過12 月的最後幾日,我外公的生命之燈在燃燒了 96 年後,緩緩地熄滅了。其實媽媽、舅舅、哥哥和我都有心理準備,那年很多時候和外公說話,說

不了幾句，大部分時間他都陷入沉默，終日望向窗外或者屋內不特定的某一個點，長久的停駐。我能夠感覺到生命和活力正從這個肌體上剝蝕而去，除了平靜地面對，我們並不能做什麼。

歷史其實是由一個一個的人組成的，西南聯大、黃埔軍校、昆明陸軍講武堂、滇緬遠征軍、建國、中北大學……外公走了，這段不可複製、完全獨特的歷史真正地塵封了，未來也不可能再被開啟。我們告別了一個人，是在告別那段歷史。

那年的 12 月 31 日，我起了一個大早，6 點鐘的時候已經從北京的東壩趕到了石景山，向我的外公做最後的告別。我特意穿了一件厚的羽絨服，然而在追悼室的現場，還是覺得陰冷的氣息透體而入，輪到我鞠躬的時候，甚至有些發抖。母親再次開始低聲地哭泣，我一隻手攙扶著她，一面向外公的遺容望去，沒來由的，看著厚實的棕褐色的棺材木板，突然就安定了，甚至升起一絲溫暖 —— 是個好的壽材，也就這樣吧。火化後，看著厚厚一圈棺木化成的灰，我想我在 2018 年的元旦真正地理解了「一元更始」的涵義：舊的終將湮滅，唯願大家現世安好。

隨著年齒日長，加上學佛，我對生死看重而不恐懼。生，有無限可能的未來，人們往往津津樂道；死，只有一條歸路，人們往往三緘其口。死的時候有件事物迴避不了，就是棺材。棺材在中國，一般不輕易見人的，但往往心照不宣，暗自準備。因為傳統的中國人，最終的結局要不是「城外一個土饅頭」，要不就是「三長兩短」 —— 棺材的兩個側面加個底，是「三長」，兩頭兩塊木板是「兩短」。所以，棺材要不是個分離之兆，

就是個無法回頭的悲壯 —— 所謂馬革裹屍、抬棺上陣。

不過中國人的心理挺有意思，是好是壞，其實全憑自己怎麼想。原來老話說「吃在廣州，住在杭州，死在柳州」。因為廣州吃的多，杭州環境舒適，柳州棺材做得好。後來這種忌諱就演變成好事了，怎麼說？棺材棺材，「升官發財」啊！所以在柳州，甚至還有富豪在大班臺上擺放一個精緻的小棺材，把它作為一種吉祥物。當年我還小，看得不夠開，跟他聊天時，一邊說話一邊瞅那個小棺材，鄉土文化不一樣，我還真有點瘆得慌。

看淡生死，會有真正的力量，而喜歡食物，才能感恩它賦予的溫暖。以前吃肉的時候，臺灣的棺材板是我非常喜歡的食物。臺灣的棺材板是誰發明的，不得而知，不過據說改良定型的創始人是許一六先生。什麼食品形狀最像棺材呢？厚片吐司。要做棺材板，需要先硬化麵包，一般是烤硬，也可以全部炸成金黃色。

不同做法的棺材板有薄有厚，薄的就用刀割開一面做蓋，厚的就挖空內裡，總之，變成一個方形或長方形容器。臺北一帶喜歡填入牛奶麵糊、雞肉、馬鈴薯、青豆仁、蝦仁、花枝等；臺南一帶往往裝入由雞肝、雞腎、雞肉、豌豆、馬鈴薯、紅蘿蔔、地瓜粉、墨魚和蝦仁等精心烹製的餡料，餡料也要用高湯煮成並用牛奶糊勾芡。最後將挖去的麵包皮蓋上，因其外形很像棺材，就得名為「棺材板」。

吃棺材板一定要趁熱，金黃的外皮散發穀物的醇香，裡面爽滑的肉餡和花枝彈牙柔韌，白稠的醬汁不時升起濃郁的香氣，味道是鹹中帶甜，奶香撲鼻，真的是匠心獨運的一道美食。

● 用饢包裹著的新疆

　　新疆，在我的心裡，也許是縈繞在香妃裙裾飄飛間的一縷香魂；也許是都塔爾彈奏的輕柔活潑、充滿異域風情的音樂；也許是輝煌如另一個敦煌的克孜爾千佛洞裡神佛神祕慈悲的微笑；也許是蹤跡難覓然而不能從歷史中抹去的龜茲樂舞；也許是和著《十二木卡姆》起舞的美麗少女烏黑的髮辮；也許是坐在葡萄架下戴著小花帽的白鬍子老人……但是，新疆更是那民族美食的香氣結成的樂土。

　　新疆的美食數不勝數，然而，大多數人津津樂道的是饢、大盤雞、手抓飯和饢包肉。饢是新疆最知名的食品，當然花樣也就最多，但主體是白麵或者玉米麵粉烤製的麵餅，現在基本上是白麵的了。饢是圓形的，最大的叫「艾曼克饢」，需要一公斤麵粉，直徑四五十公分；最小的叫「托卡西饢」，普通茶杯口大小，厚度為一公分，做工最精細；最厚的饢叫「吉爾德饢」，厚達五六公分，直徑十多公分，中間有小窩洞，漢族人叫「窩窩饢」。饢大多用發麵烤製，和麵時要加少量的鹽，但是我也吃過一種很薄的饢，可能就是半發麵的了。把饢添加上羊油就成為油饢；用羊肉丁、孜然、胡椒粉、洋蔥末等佐料拌餡烤製的就是肉饢；還可以把饢上加上雞蛋；也可以做成表面塗了冰糖水，再用牛奶和麵的甜饢。當年唐代玄奘大師西去取經，路上就準備了很多饢，身為僧人，他準備的是用芝麻和葡萄汁拌和烤製的芝麻素饢。

　　饢在新疆的氣候條件下，可以保存幾個月仍然新鮮如初。雖然是很普通的食品，可是饢卻在玄奘取經之路和古老的絲綢古道上發散著無可替代

的香氣。和內地的燒餅最大的不同之處,我想就在於烤製饢需要饢坑。在以前,新疆基本家家戶戶都有饢坑,烤饢也是新疆男人的基本技能之一。饢坑一般高約一公尺,坑坯是用羊毛和黏土或硝土做成。饢坑周圍用土塊疊成方形土臺。烤饢時要先用碳火把饢坑燒熱,然後再把擀好的麵坯貼在坑壁上,幾分鐘就烤熟了。用饢坑烤出來的饢,水分含量很少,麵餅特別得香酥可口,當然也就很耐儲存。這流傳了 2,000 多年的食品,自然魅力無窮,我在大理的新城下關鎮,就看到了一家專門賣饢的鋪子,於是隔三岔五地去買幾個解饞。可惜他們不賣饢坑烤肉,我倒是用新疆味普通話和他們遊說了一段時間。

有了饢,才有饢包肉。不過千萬不要望文生義,很多人以為饢包肉就是「夾肉饃」,饢包肉不是包著肉的饢,而是以饢作底的羊肉澆餅。將饢(一般要厚一點,兩公分左右的)切成扇形的幾小瓣,放入深底大盤中,把燒好的羊肉放在饢上,炒鍋裡留少許羊肉原汁加入孜然粉和辣椒、胡椒粉、洋蔥絲,燒沸後用溼澱粉勾薄芡,再淋入辣椒油,淋在羊肉的表面,略讓饢浸泡一會,就可以吃了。饢包肉是很方便的食品,主副結合,饢吸飽了羊肉湯的濃香,配上洋蔥的甘甜、胡椒的辛香,方便而不簡慢,很適合現代的生活節奏。

天山的風起了,吹遠了西域的塵沙,模糊了龜茲歌伎的笑顏,寥落了一地絲路花雨,散亂了一片沙漠駝鈴。可是,新疆人的好客沒有變,烤饢、饢包肉的香氣沒有散。不過,還是順帶提一句,洋蔥在新疆被叫做「皮芽子」,多麼具體和親暱的稱呼。

● 泡露達

少數民族同胞都有自己的祕境，納西族的玉龍第三國、藏族的香格里拉、白族的白子國等等。傣族也不例外，在傣族人的心目中，有一個神奇美麗的地方叫做「勐巴拉娜西」。在那裡，人們生活富足，綠孔雀在天空飛過，飄灑下七彩的羽毛，大白像在森林裡漫步，處處留下吉祥的腳印。人們用清如琉璃的淨水沐浴，天上的雲彩都是整匹的綢緞，處處充滿歡歌笑語，人人收穫純潔美好的愛情。

勐巴拉娜西本是天之祕境，怎麼被發現了呢？傳說在很久以前，傣族王子召樹屯率領一群青年人在森林裡狩獵。他們發現了一隻美麗的金孔雀，追了七七四十九天，怎麼也追不上。他們越往前追，沿途的景色越神奇美麗，森林繁茂，蔓藤纏繞，奇花異草爭奇鬥豔，珍禽異獸頻頻出沒，溪水清澈常流不斷，壩子肥沃一望無際。當他們快追上金孔雀時，眼前出現了一個美麗的金湖，湖裡開滿了芳香四溢的蓮花。金孔雀縱身一躍，消失在金湖裡。召樹屯轉身對眾人說：「這裡就是『勐巴拉娜西』吧！」之後，召樹屯和青年們就把家遷到了這裡，這個地方就是如今的雲南省西雙版納傣族自治州，一個神奇美麗的生態家園。「勐」，音猛，傣泰語，「地方、城市、國家」的意思。「巴拉娜西」為巴利語，「巴拉」是城市的意思，「娜西」是「光」的意思。「勐巴拉娜西」為「光之城」。

如果說勐巴拉娜西是傣家人心中的極樂淨土，那麼，神祕多姿的傣家菜就是中國菜裡的勐巴拉娜西。我們現如今提到雲南菜，其實很多時候指

的都是傣家菜。我在北京的時候，經常去吃傣家菜。北京的傣家菜館也很多，而紅三剁、酸筍牛肉、香茅草烤魚和鳳梨飯不僅是我每次的保留菜點，也被很多北京人所熟悉。等真正到了雲南，才發現原來傣家菜的精華還是要到傣家人的村寨裡去找，還是要到撒撇、薩達魯、烤豬皮和手撕舂乾巴裡去找。

我有個小兄弟叫做景宏，以前在北京有名的雲南菜餐廳「一坐一忘」當店長，偶爾會一起吃飯，飯後他推薦我吃泡露達。其實以前在緬甸也吃過，而且好像緬甸是泡露達的發源地，不過彷彿傣族做的泡露達更豐富好吃一些。

傣族大姐做泡露達，動作俐落，讓人眼花撩亂 —— 拿一個特大號玻璃杯，往裡面放進些米涼蝦、碎冰、木瓜粉、西米珍珠、紫糯米等等。紫糯米是經過蒸煮和用牛奶浸泡過的，然後挖入一兩勺煉乳，淋上些許蜂蜜。再拿出一塊方形吐司切片，事先已經烤過，焦黃焦黃的，唰唰地撕成五六瓣，鋪在杯子上面。還沒完事，大姐不知道從哪裡又變出個椰子，唰唰幾下刨出不少椰子肉細絲。最後再往裡面倒入白白的牛奶，直到杯子漲滿，然後「咚」一下擺到你跟前，嗯，可以吃了。

大姐動作太迅速了，你可以稍微等一等。讓冰發揮冰鎮的作用，同時讓麵包片吸進去一些牛奶，之後拿起調羹，慢慢騰騰地攪上幾攪，讓滋味充分融合。這個時候吃上一口，既清涼又香甜，炎熱的天氣立刻退散。你再輕輕地嚼，嘴裡的東西全都軟軟的、滑滑的，隨便地就爛了化了，咽進肚子後，透身爽朗得很。吃泡露達講究 5 種動作：抿、嚼、咽、吸、喝。

抿是說它裡面的涼蝦呀西米什麼的非常柔嫩，只要用舌頭輕輕一抿就成了。它嚼的時候，除了軟滑的感覺外，椰絲又脆又甜，糯米像調皮的小女孩在口腔中竄來竄去，軟脆摻半的麵包則如成熟的荔枝般豐潤誘人。當你嚼著這一嘴多彩的東西，一個勁地往下嚥，一邊心意款款，一邊忍不住地又撈起吃。可是這樣狼吞虎嚥的吃法，其實並不能很好地感受甜之外的味道層次，可以稍息片刻，然後改換種方式，用調羹少許地舀起些汁液，小心地吸吮，非常精緻和愜意。等快吃到底的時候，就別再裝優雅了，端起杯子，仰起頭，把剩下帶著冰碴的泡露達全倒進肚裡去，頓時讓你神清氣爽，暢快淋漓。

● 跨越海峽的鼠麴粿

有幾年，我的一個臺灣朋友 Alice 在北京工作。

她是「欣葉」餐廳的行銷總監，而欣葉是臺灣很有名的一家餐廳，以純正的臺灣味道而被廣為稱讚。有一年的端午節，Alice 約我們幾個朋友聚會，吃了幾道欣葉的代表菜品，然後送我們一人一份伴手禮，是臺灣粽子。我打開一看，不由笑了，因為我看到了一個鼠麴草粽子，這絕對是對臺灣傳統美食的再創造。這種創造並不是不好，事實上，所謂的臺灣味道，恰恰是這種基於對傳統的緬懷而又能因地制宜的一種突破。

為什麼這麼說？我們熟知的臺灣牛肉麵就是個很好的例子。當年來到臺灣的四川籍老兵，懷念四川的風味，可是臺灣又沒有四川那些特有的調

味料，比如二荊條辣椒、漢源花椒、郫縣豆瓣醬等等，所以只好利用當地的本土食材做成牛肉麵，開始還叫四川牛肉麵，其實在四川根本沒這個小吃。結果，大家一吃，味道也不錯，慢慢就變成臺灣牛肉麵了。這種情愫不僅在臺灣，中國人在世界各地都創造了中餐的衍生體系，比如另外一種我很喜歡的菜系「娘惹菜」，也是中國華僑在馬來西亞的創造。

鼠麴草粽子應該是從我喜歡的鼠麴粿演變出來的。

鼠麴粿的根在潮汕。每年臨近元宵，潮汕地區都會做鼠麴粿，現在倒是有了盒裝的鼠糰粿作為特產禮品，這點和臺灣是一樣的。

鼠麴粿的名字比較奇怪，其實很好理解，它的皮中必須用到鼠麴草。鼠麴草也叫佛耳草，葉片和莖的表面與內裡都有白色的茸棉，而黃色的密集的小花球下也能抽出白色的茸來，所以有的書上說鼠麴草就是白頭翁。我不是學植物學的，但是我想這大概是不對的。因為鼠麴草是菊科的植物，而白頭翁是毛茛科的。作為菊科植物，鼠麴草的功效一樣是下火，尤其在應對積食方面是很有作用的。鼠麴草不僅僅在潮汕地區用來做鼠麴粿，在江浙地區也有用它來做青糰的。青糰是清明時節的應季食品，是把鼠麴草的汁和在糯米粉中做皮，包上豆沙餡或鹹的肉餡做成糰子，蒸熟食用。當然，青糰也是可以用艾草汁或麥青汁製作，一樣的油綠可愛。

鼠麴粿的顏色是墨綠色的，還帶有星星點點的鼠麴草的纖維。因為做鼠麴粿不是用鼠麴草的汁，而是採用一種很有潮汕風格的做法。傳統的鼠麴粿製作方法是很費精力的。先把鼠麴草採回來，用水煮開，然後泡在乾淨的冷水裡，每天換一遍水，至少 3 天。3 天後把鼠麴草撈出，放在石臼

裡舂碎，就可以加上油在鍋裡炒了，炒熟後還要再加紅糖再炒，直到鼠麴草成為黑綠色的一團，與油和糖完全融合，才可以把它加入糯米粉團中，一起揉勻，成為鼠麴粿的皮。餡料傳統上是綠豆沙或者紅豆沙，鹹的肉餡的也可以。用皮包好餡料，嵌入木頭做成的餅模子裡，輕輕壓平塞滿餅模子，模子裡刻好的花紋就會印在鼠麴粿表面，然後翻轉餅模子，輕輕一磕，鼠麴粿就和餅模子分開，然後就可以蒸製了。鼠麴粿一般是圓形的，也有壽桃型的。花紋一般是篆體壽字紋樣或者其他的吉祥紋飾。

蒸製鼠麴粿，必須墊著芭蕉葉，不知道為什麼，反正一直是這樣做的，倒是讓鼠麴粿更加清香。蒸好的鼠麴粿，色澤墨綠烏潤，香氣甜美，清雅撲鼻，豆沙綿糯，肉餡也毫不油膩。我每次都可以吃好幾個，還是覺得不滿足。

鼠麴粿這樣的小吃為什麼美味，因為在準備和製作的過程裡充滿了情意。其實中國的古人一點也不刻板，他們反而是很浪漫的，充滿了堅定的情感。如果他們彼此思念，就會翻過幾座山，跨過幾條河，採一束野花，去牽對方的手。

● 蟹粉小籠包

上海曾經是精細的代名詞。你看，大家一樣沒錢的時候，別的地方的人穿衣服都是灰頭土臉的，上海人會花心思弄個假領子，往一身藍上一搭配，整個人的感覺都鮮活了。而且又不貴，家家戶戶都有十幾個假領子，

還十分好換，天天都有新感覺。這種一舉三得的事情，彷彿也只有上海人才想得出來。順便說一句，上海人說到錢，愛用的詞彙是「鈔票」，而且說得一字一句，充滿熱烈的情緒。我反而喜歡這種感覺，因為這是符合人性的，而當你知道對方是一個精明的人時，不論明處還是暗處，不論朋友還是對手，都會調動你的緊張，讓你充滿亢奮的欲望。

精明不是壞處，起碼我認為精明是聰明的一種。這種精明用在飲食上，也只有上海才會出現蟹粉小籠包。「小籠包」不奇怪，你把包子做小點，蒸籠也做小點，那就是小籠包。難得的是「蟹粉」。螃蟹這個東西，好像自古以來就被美食家稱道，也許被美食家吃得太多，物以稀為貴，價格好像也從不親民。上海人就能讓你吃個包子還連帶著吃隻螃蟹！所以，我寄居上海朋友位於城隍廟的閣樓上時，他一回來，總會說要給我「弄點小菜吃吃」，我就知道量是真的不大，不過花的心思可不少。我這個便宜朋友是偶爾「撿來」的。1999 年的時候我去虎跳峽徒步，走錯了路，走到夜裡 10 點多，天已大黑，能聽見山澗深谷裡磅礴的水聲，不敢走了，完全看不見路。誤打誤撞進了一戶人家借宿，怎麼也睡不踏實，早上 6 點多吧，記得天剛亮一些，我就決定走了。主人家不多說話，可是我剛走，就聽見鋩鑼的聲音，之後沿著山路的那些零散的人家，都在門口插了一個火把，為我照路。我是含著眼淚回頭說了幾聲謝謝走的，雖然他們也聽不見。走回中虎跳的時候，看見也有一個年輕人單獨走，就上去攀談了。

旅途中比較容易敞開心扉，我知道他是上海人，來旅遊的，彷彿一起待了兩天，留了聯繫方式，也便分開了。2000 年的時候，我決定離開雲

南，無處可去，跟他聯繫，在梅雨季的時候就去了上海。路上不順利，帶著僅有的錢，買了一趟慢車的票，雖然是臥鋪，可是從昆明到貴州再去廣西北海，然後折向江西鷹潭，最後才到上海。五天四夜的火車，我真的是有跳車的衝動。

到了上海，借住在他家裡，然後他便做飯給我吃。他晚上去他姐姐家住，白天有的時候會從浦東再過來找我，早上有的時候他會帶蟹粉小籠包來。梅雨季，什麼都是黏滯的，吃點熱燙的蟹粉小籠包，身上心裡都溫暖了。

做蟹粉小籠包也是要花心思的。蟹粉小籠包往往都是帶湯的，誰也沒本事直接把湯包在包子皮裡，所以要利用湯的固形物 —— 先準備好豬皮凍。然後處理螃蟹，把螃蟹洗淨，上鍋蒸熟，取出蟹黃和蟹肉。炒鍋裡放豬油燒熱，爆香蔥薑末，放進去蟹黃和蟹肉爆炒至橙黃色時盛出放涼。這時候和麵，別浪費時間。和麵就複雜點：先取麵粉和酵母加溫水和勻，放一邊餳著，然後再取麵粉，用開水燙麵，然後再加點涼水和鹼麵和勻。再把兩個麵糰揉一塊，搓成劑子，擀成包子皮。蟹粉這時也放涼了，加上豬肉末、醬油、鹽、料酒、白砂糖、蔥薑水、肉皮凍丁和香油，拌勻成餡。包在包子皮裡，頂部一定要捏緊，放蒸鍋上大火蒸熟。

吃的時候，現在很多包子店都給你一根吸管，實際最惡劣。為什麼？你要趁熱吸，燙死你，然後嘴裡一股塑料味；你要放涼了吸，膩的你滿嘴發腥。最好就是放在勺裡，先輕輕咬開一個小口，吹吹，那充滿肉香、蟹香、麵香、蔥香、油香的熱氣在你臉上拂過，沒有吃，心裡就先舒坦了。

我的那個上海朋友姓郭，其實知道他的大名，可是後來彷彿也一直沒有聯繫過，名字就記得不真切了，現在音信全無。那段時光，感謝他慷慨地溫暖我，和傳說中很摳的上海人完全不一樣，讓我回憶起來滿滿都是蟹粉小籠包的香氣。那也是我人生中唯一一次染了一頭黃髮的時光，他是少有的見過的人之一。

● 黃糕粑和枕頭粑

貴州菜在我印象裡，不夠成體系，而又缺乏「大菜」，但是民族風情決定偏門多一些。想想，彷彿印象深且佳的就是豆腐丸子和鵝肉。此外名聲大的還有絲娃娃，不過是一種換了形式的捲餅，勝在原材料豐富，其技術成分和味道並沒有多大內涵。然後還有花江狗肉。可是狗肉我是不吃的，按照藏傳佛教的教義，狗和鹿皆是佛教的護法神祇，身為教徒，我畢生與這兩種食材無緣。酸湯因為是野生番茄發酵，味道太過濃烈，因而酸湯魚我吃得也不多。

貴州我最喜歡的吃食是黃糕粑。「粑」是西南區域流行的方言詞，指把米粒狀的東西弄碎後做成的餅。黃糕粑，是用糯米粉和稻米粉再加上黃豆粉，拌以沸水、紅糖，將米粉揉成麵糰後，按箬葉的大小將麵糰分割成若干小團，用箬葉（一般將兩葉「十字」狀疊放）將小麵糰按四方形包嚴，再用稻草捆住箬葉，即成一個黃糕粑。黃糕粑做好後，要一層黃糕粑一層稻草的放入甄子，並把甄子封嚴，燜蒸 24 小時，燜蒸時間越長，黃

糕粑的顏色越鮮豔，浸入黃糕粑內箬葉特有的香味就越濃。製成的黃糕粑，顏色呈棕紅色，紅糖香、米香、豆香、箬葉香交融，黏糯綿軟，非常好吃。

如果黃糕粑放的時間長了，也沒有關係，可重新蒸軟後食用，但是千萬別用瓷盤盛裝，這樣水氣凝聚，影響黃糕粑的口感。最好還是蒸籠去蒸。也可將其切成片狀用菜油煎著吃或用炭火烤著吃，別有一番風味。

黃糕粑在貴州其實還是比較常見的小吃，不過以黔北遵義的南白鎮黃粑和黔中貴陽的清鎮黃粑為佳。南白黃粑的個頭很大，有如舊時的方枕；清鎮黃粑個頭見小，約莫一拳左右，更適合於自己一「粑」在手，自得其樂地細細品味。

四川有與南白黃粑類似的小吃，比如樂山、眉山一帶的枕頭粑，個頭也很大，像是個長方形小枕頭。枕頭粑的做法應該也和黃粑差不多，不過好像並不摻雜黃豆，只是使用一定比例的稻米和糯米。枕頭粑的吃法就比較多元。當然最常見的還是「甜吃」。把枕頭粑切成約半公分厚的一邊橢圓一邊直線形狀的片，然後用少量菜籽油慢慢煎熟，回軟變黏糯，再煎一會讓表面略微形成硬殼。將紅糖用熱水化開，淋在粑片上再煎，待水分揮發，糖水黏稠收汁，如膠狀附著於粑身即可起鍋上桌。為了吃起來更香，可以配一碟炒熟的黃豆粉，蘸著一起吃。第二種吃法是「鹹吃」。也是先切片煎熟起殼，然後撒上食鹽、花椒面和蔥花，翻煎和勻貼上粑身即可。

最鄉土卻最有風情的吃法是「煮粑湯」。將枕頭粑切成拇指大小的丁塊備用，先將臘肉丁或臘肉片和著青神縣（隸屬眉山市）特產的苞苞青菜

（即雲南的大苦菜，芥菜的變種）以及一兩坨拍散的老生薑用清水煮，半熟時下入枕頭粑塊，再煮，煮到粑塊黏軟即可，起鍋前再撒一些蔥花和胡椒面。這種吃法不僅操作簡單，而且飯、菜、湯一體，香味獨特濃郁，是當地「最老百姓」的一道美食。

● 艾蒿饃饃

中國傳統醫學裡，很常用的治療養生辦法之一就是「針灸」，實際上是指兩種方法。一種是下針在穴位上，一種是用艾蒿乾製以後，點燃以暗火熏灼穴位，即為「艾灸」。艾灸之所以療效顯著，除了取穴，更是因為艾草中芳香油的揮發和它發出的熱量是遠紅外能量，可以直達人體深處。

艾的作用遠不止於此，在中國人心中，其實它是上通鬼神，下入腸胃的東西。端午節很多地方都要插艾草於門口，或者用艾草做成香包，都是為了避邪除穢。艾草當然也可以煮水，進行全身沐浴或者單獨泡腳，都可以有效地減輕疲勞，祛除身體內的溼氣。這幾年大家飲食上吃麻辣口味較多，夏天又貪涼，空調冷飲增加了體內溼寒和瘀滯，市面上流行艾草茶，有的是整片葉子乾製，有的是把艾草磨製成粉來沖泡飲用，我嘗了嘗，確實味道一般。而四川，別出心裁，他們也很喜歡食用艾草，但是很高明地把它做成美食，最常見的是艾蒿饃饃。

能採摘來吃的艾蒿只在春季裡才有，一般都是清明前後，要吃的部分是新發出的嫩芽，帶著很細小的茸毛，彷彿綠色的葉片上有層白粉。最簡

單的是油炸艾蒿饅饅。先把艾蒿洗淨，略微燙一下，然後切成小段，調好糯米粉和稻米粉混合的麵漿，將艾草碎放入拌勻，然後用勺舀入熱油中，略微停留，勺和粉漿自然分離，慢炸一會，就會浮起圓形的薄餅形狀的艾蒿饅饅，炸成色澤金黃，就可以出鍋。可以用竹籤子穿成一串，邊走邊吃。

　　傳統上比較講究的是蒸製的艾蒿饅饅，形狀和普通饅頭類似。一樣也是稻米粉和糯米粉兩摻，但是尤其要注意比例。如果糯米粉多了，吃起來太黏牙；如果稻米粉多了，成型比較麻煩，另外口感很硬。米粉摻好後，用燙艾蒿的水和好，也同樣加入艾草碎揉勻。餳的過程中，可以做餡。一般是四川臘肉餡的，也有豬肉芽菜餡的。餡做好後包入艾蒿米粉皮中，做成饅頭型就可以上鍋蒸了。但是蒸之前，要拿晒乾的玉米外皮包裹饅饅，然後蒸熟。在蒸的過程裡，艾蒿饅饅的香氣會逐漸散發出來，先是艾草特殊的帶著清氣的香，然後是餡料的味道，十分誘人。艾蒿饅饅也可以做成甜的，但是就沒有餡了，只是和麵時加上紅糖，蒸出來也十分香甜別有艾草的清氣。

　　艾蒿饅饅本身來說不難做，難的是準備原料的心意。用來包裹饅饅的玉米外皮，要頭一年夏季吃玉米後，留下晒乾保存好，在頭年的夏天就要為第二年春天做東西而準備。其實不僅僅是艾蒿饅饅，中國小吃之所以長盛不衰，唯一的祕訣就是特別的用心。

● 鮮花餅

羅小妮有一次寄給我兩包乾玫瑰花苞，可以泡茶。我開袋一聞，香氣乾淨持久，確實與眾不同。聽說是在大理蒼山種植的大馬士革玫瑰。雲南是花的世界，尤其是鮮花。在雲南昆明機場，你隨時可以看見手持大束鮮花的返程遊客，還有的人會購買幾箱的鮮花打包成行李運走。為什麼這麼多人在雲南購買鮮花？真的是便宜啊。雲南的鮮花很特殊，是秤斤賣的。一斤玫瑰花，大概有 30 多枝，通常約新臺幣 300 元左右，而有的大城市，一枝玫瑰少則 50 ～ 60 元，多則好幾百元。在雲南買鮮花當然是占大便宜的好事。

鮮花在雲南，是生活中最好的妝點。在麗江，你會經常看見陶罐子裡插滿盛開的香草蘭；在西雙版納，你也可以在茶園裡經常看到寄生的豔麗的熱帶蘭；在大理，你行進在蒼山上，會突然聞到陣陣幽香，大理的蓮瓣蘭正在悄悄盛放；就算在我當年厝居的下關大理學院旁邊的小區，緬桂花、四季桂、石榴花、絲蘭、紫荊都會在不同的季節裡爭奇鬥豔。但是，最主要的，雲南人還愛吃花。

雲南人常吃的鮮花有金雀花、茉莉花，都可以炒蛋；海菜花、杜鵑花，可以煮湯；蘭花，可以燒肉。大理人還在傳統上喜食鮮花餅，這在大理是一年四季都可以見到的小食。

鮮花餅是用玫瑰花製餡的。大理的食用玫瑰的種植面積已經在萬畝左右，之所以大理的食用玫瑰產業如此龐大，首要的是因為氣候條件十分

優越，年平均氣溫 14.9℃，年均無霜期 228 天，四季溫差不大，光照時間長，低緯度高海拔無汙染的特點特別適合種植食用玫瑰。大理的玫瑰花產業也在不斷向精深加工發展，產品涵蓋玫瑰精油、玫瑰純露、玫瑰細胞液、玫瑰花糖、玫瑰花茶、玫瑰花醬、玫瑰花原漿、玫瑰花酵素、玫瑰花酒、含片、乾花等近 20 個品種，但是最為民眾熟知的還是玫瑰花鮮花餅，鮮花餅店更是數不勝數。

鮮花餅的主要配料是玫瑰花，以前一般也會摻雜玉蘭花，以增加香氣的層次，但是現在的餅店，都是用純玫瑰花了。玫瑰花一定要早上 9 點以前採摘，這時的花剛剛綻放，而又沒有完全打開，玫瑰花芳香精油蘊藏在其中，香氣最為濃郁沒有散失。花瓣和冰糖、白糖、芝麻、花生、核桃仁、棗泥、豬油製成餡心，包在油酥皮裡，製成像是老婆餅那樣，輕輕咬一口，花香十分濃郁，彷彿身在花園之中。

雲南鮮花餅，運作最成功的品牌是「嘉華」，味道也很不錯。但是我個人最喜歡的是大理糕點廠的，油重一些，花香十分純正，可惜產量很少，彷彿每年也只賣幾個月。後來有一次在大理古城裡散步，看到一家現場手工製作點心的作坊，名字叫做「百福源」，我看了一會，決定一試，後來我送人的鮮花餅基本都是從他家訂購的（我自己不吃，因為後期吃素以後無法食用豬油）。他們自己做的乳扇沙琪瑪也是個特色，大家也可以一試。

● 香竹飯和花飯

　　竹子在世界上大約有 500 多種，中國有 200 多種。中國人十分喜歡竹子，賦予了竹子很多其他國家的人無法理解的象徵意義。我近日在北京，到扇莊裡看扇骨，我喜歡湘妃竹的扇骨和玉竹的扇骨，動輒成千上萬，我囊中羞澀，不由搖頭嘆息。

　　回來之後，頗有想做點焚琴煮鶴之類的事情的欲望。突然就想起了香竹飯，也就是大家在北方常見的竹筒飯。

　　真正的竹筒飯必須使用香竹。香竹是竹子的一種，也叫甜竹，在中國主要產自雲南西雙版納。這種竹子的香氣非常濃郁，竹子的汁液也帶有天然的香氣，竹竿也不會太粗，一般直徑也就兩三公分。香竹的竹筍很幼嫩，直接吃有很甜的味道。

　　每年 11 月至次年 2 月間，是西雙版納香竹成材的季節，也是吃香竹飯的最好時節。香竹飯傣語稱「埋毫拉」，意為用竹子煮飯。做香竹飯時，先將香竹截成段，每段保留一個竹節做筒底，然後把用清水泡透的稻米裝入竹筒內，不能壓得太實，因為米會膨脹。然後用芭蕉葉塞住筒口放炭火中悶烤，待竹子表皮發乾，有的地方已經焦黑的時候，濃香的香竹飯味也已經從竹筒中飄出，就表示香竹飯熟了。把竹筒從火灰裡取出，再用木棒敲打竹筒，這樣米飯就能變得鬆軟又不與筒壁黏連。最後用刀將竹筒剖開，便露出呈圓筒狀的米飯，表面還黏有乳白色的竹膜，米香和竹香混合，香氣四溢。即使是我這種有點輕微潔癖的人，也顧不得洗手，直接抓

起來就送進嘴裡，覺得這才是最自然的味道，最好的味道。

香竹飯靠香氣取勝，花飯靠色彩誘人。很多人愛花，不過人人看花各不同。我看花，看到它柔弱之下的生命世界。

每一朵花最初都是一顆小小的信念的種子，因緣得聚，才能長出幼小的善念的幼芽。這個過程裡，它要面臨很多困難：也許小鳥飛來了，把它吞進肚子裡當成了食物；也許土地太過肥沃，欲念的火焰反而將它燒死；抑或土地又太過貧瘠了，沒有後續的信心讓它頂破種子的硬殼。

經過重重磨難和自己的努力，這粒種子長大了。它伸展著細長的莖幹，招展每一片綠葉，渴望得到陽光的照耀、雨露的滋潤。慢慢地，它積聚了一生的力量，把為世界增添色彩的心願凝聚成一個個花苞。終於，它開放了，成為獻佛的供物，成為菩薩說法時從天而下的花雨，成為阿彌陀佛淨土裡一抹光華。又或者，還是默默地在人間的土地上孤獨地盛放。那又有什麼關係呢？花朵的花瓣是嬌弱的，可是在嚴寒裡、在沙漠中、在河流裡、在驕陽下，哪裡沒有一朵花呢？無論色彩是不是豔麗，香味是不是馥郁，花瓣上都是法的光芒啊。每朵花都是一個大千世界，每朵花都是一朵正信的菩提。

等到花兒開敗了，它默默地隨著突如其來的大風抑或早晨悄悄降臨的晨露走完了這一世的輪迴，在泥土裡慢慢變成肥料。它並沒有離開，它堅信在自己上一世軀殼的滋養下，下一世的花兒會更加美麗。

昔年靈山法會，佛祖思得一妙法，正待演說，突見迦葉尊者站起頂

禮，手中拈了一朵花，臉上是燦爛的微笑。佛祖知道迦葉尊者了悟了。而我想，那微笑是因為感受到法的偉大，也許，更因為心田裡的花朵已經盛放了吧！

如果心田之花難以開放，也沒關係，我們把花吃下去，「朝飲木蘭之墜露兮，夕餐秋菊之落英」也是一種境界。吃花可以直接吃，比如雲南的很多菜都是用鮮花作為食材炒菜，像芭蕉花炒蛋、杜鵑花芋頭湯、金雀花蛋餅等等，也可以作為主食當成花飯吃。

花飯也分兩種，一種直接是鮮花和飯一起配合著吃，比如韓國的花飯。韓國的花飯就是各種顏色的鮮花，還要配上一些草芽、芝麻，加上醬油、肉絲和米飯拌在一起吃。不過我認為這不是真正的花飯，真正的花飯一定是花的精髓深入飯中，融為一體，你中有我，我中有你。這樣的花飯在中國才有。

中國的花飯是用各色植物的花朵和葉莖提煉純天然的色素，浸泡糯米一日一夜，讓乾乾的糯米吸收顏色，把內部也都染成晶瑩的色彩，就成了花飯。泡好的花飯還要用清水漂洗，不過不要擔心，洗掉的都是浮色，然後再晒乾，就可以長期保存了。花飯通常都是 5 種顏色以上，比如藍、紅、黃、灰、白等，這樣才夠五彩繽紛，看著就喜氣。吃的時候上籠蒸熟，誰要吃的話，用裁的整整齊齊的芭蕉葉，放在上面一團，用手抓著吃，不僅有糯米特有的香味，還有各種鮮花的香氣，吃完之後真的是口有餘香。也可以配上各種小菜一起吃，比如小魚乾、鹹菜之類。

瑤族有花飯，一般祭祀先祖的時候吃，為的是讓祖先看到今日生活的

色彩；苗族有花飯，也叫姊妹飯或者情人飯，年輕男女談情說愛的時候要用花飯傳遞心意；壯族有花飯，一般都是重大節日時食用，你會看到人們一邊吃花飯，一邊到處都是笑語盈盈；布依族也有花飯，他們也叫它「五色米」，吃的時候還可以淋上一勺野蜂蜜，特別的香甜。

這麼多民族都有花飯，很難說清楚花飯到底是哪個民族發明的。這樣不是也很好嗎？就像中國的 56 個民族，每個民族都有自己獨特的色彩，可是又能像花飯一樣既五彩繽紛又能團結和睦，那不就永遠是一幅春日絢爛的景色嗎？

● 蕎糕和蕎麥捲

蕎麵是中國的特產，是蕎麥的種子磨成的粉。大約在唐朝的時候，經由朝鮮傳到日本，後來日本蕎麥麵也成為日本名吃之一。蕎麥什麼時候傳到西方我不得而知，不過我小的時候看過一本《義大利童話》，裡面有個故事叫做〈耶穌和聖彼得在弗留利〉，說到了因為聖彼得的祈禱，世界上產生了第一批蕎麥。身為中國人，我當然是不能同意這種看法的。

蕎麥大體上可以分為兩種。一種是韃靼蕎麥，通俗來說叫做苦蕎，因為味道比較苦；還有一種是普通蕎麥，通俗來說叫做甜蕎，因為沒有苦味。日本大部分用的是甜蕎，但是甜蕎的綜合營養水準低於苦蕎，尤其是在保護心血管方面。中國大部分的蕎麵產區，苦蕎和甜蕎都有，北方相對來說苦蕎多一些。在雲南，海拔相對較高的地區，比如海拔 1,500 公尺以

上的，苦蕎種植的多一些，而低海拔地區，大多是甜蕎。

雲南既然是蕎麥產區之一，故而利用蕎麥做了很多種食品，常見的是蕎糕和蕎餅。蕎糕做起來比較簡單，將土鹼放鍋中加水煮化，蕎麵、麵粉兩摻加土鹼水、白糖、豬油繼續攪拌成糊狀。蒸鍋底上鋪粗紗布，將蕎麵糊倒入，上火蒸熟。熟後將芝麻撒在表面上，晾涼後切成塊即成。做蕎餅稍微複雜些，因為有餡，所以要包製。皮的做法還是類似的，只是還要加一點泡打粉。餡一般都是豆沙餡，包好了烤熟即可。

做好的蕎糕或者蕎餅，色澤深黃帶紅，吃起來有略微的粗糧味道，如果是苦蕎做的，還有微微的苦。不過，會很快轉成一股清涼，質感鬆散，而且吃下去好像沒有什麼負擔，尤其是下午茶的時候，作為茶點搭配很適合。

蕎麥捲對身體的負擔也不大。蕎麥捲就是用蕎麥麵做餅皮，裹上各種蔬菜絲，捲成捲，再切成小段，可以另外調製蘸汁食用。做蕎麥捲的麵餅皮，不使用純的蕎麥粉，要配比一部分的小麥粉或者糯米粉，調成稀的麵糊，用不黏煎鍋少放油或者不放油，煎成有一定韌性的軟薄餅。同樣用不沾鍋，少放一點油，加鹽小火合炒豆芽、韭菜、白菜絲、木耳絲、紅蘿蔔絲、蘑菇絲等，炒軟後就放在餅皮上裹成捲，切段後蘸辣椒油或複製醬油食用。蔬菜的清淡加上蕎麥的清香，加上辣椒的爽口，是一道充滿能量又不讓身體超負荷的美味。

韓國人也很愛吃蕎麥捲，在韓國美食主題電視劇《大長今》中，蕎麥捲是唯一出現過兩次的食物。韓國的蕎麥捲和中國的蕎麥捲大體做法類

似，略有一些差異：餅皮一般是用蕎麥麵加上麵粉和一些澱粉，也要放一點鹽再調成稀糊，而捲裹的餡料通常也是各種蔬菜絲，但是要放一些乾的大棗絲。調味汁的差異比較大，多用鹽、糖、醬油、醋加芥末、炒過的白芝麻、蒜泥、生薑泥、蔥花拌和而成。

其實，食物本身無所謂高下好壞，關鍵的是我們能不能品嘗出這種食物背後所隱藏的風土、情感和過去未來。

● 雜醬米粉和砂仁條

雲南的米粉，「冒子」很多，在拌的米粉裡，雜醬米粉是很受歡迎的。

關鍵是炒雜醬。雜醬其實是一種混合調味的複合肉醬。一般的做法是：準備三分肥七分瘦的肉末，用蔥花、薑末、蒜茸熗好鍋，下入肉末翻炒，一邊炒一邊加入昭通豆醬、巍山辣醬、花椒粉、八角水、肉蔻粉等等，直到湯汁即將收乾，帶著一層油，肉餡焦黃但是油汪汪的感覺，雜醬就做好了。

米粉都是提前煮好。不能煮到全熟，盛出來晾涼或浸在涼水裡，等到客人來了，再拿出來在開水裡燙一下，然後盛到碗裡，先舀上肉醬，然後放上煮過的韭菜段、豆芽，拌好就可以吃了。

在臨近雲南的外國，越南的米粉也是出名的。甚至很多人去越南吃了

米粉，覺得越南米粉光滑柔韌，比雲南的米線嫩軟，比廣東的米粉潔白，比西北的米粉輕薄，是最好的米粉。我自己試過，覺得並非如此。越南的米粉吃法多數是燙煮，如同清湯火鍋般，然後再撒上佐料，味道十分清淡。而且很少有拌的米線，即使有基本是涼拌，加上青檸檬、魚露什麼的，應該不是我們普遍喜歡的味道。

中國的小吃味道往往是濃郁的，哪怕做大菜的時候很清淡，做小吃卻一定很濃重。為什麼？中國人從心裡希望善待別人，尤其是做小吃時，覺得上不了臺面，反而特別用心，多加很多調味料，要把自己不能請你吃大餐的內疚化成香噴噴的味道。

同樣，一碗雜醬米線，傳承的不僅是香辣的味道，更重要的是，裡面是中國人質樸的、熱乎乎的心意。

吃完雜醬米線，喝喝茶，需要點心來中和一下。我往往選擇砂仁條，這也是我很愛吃的雲南傳統點心。砂仁條，又名燈芯條，川滇都做，也是川式糕點中的傳統產品。砂仁條，大約在 20 世紀中葉，是風靡四川全境的小點心。經歷過 1980 年代的四川人，對砂仁條都充滿了回憶。喜歡砂仁條的人，一定是被它單純的米香氣以及它沙糯彈牙的口感吸引。但是我自己比較認可雲南做的砂仁條。為什麼呢？現在四川做的砂仁條，只用糯米粉、油、糖三種原材料，做好的砂仁條色澤潔白，兩頭帶紅色，雖然賣相更好，可是已經有點名不副實了。砂仁條，顧名思義有一個主要的原料就是砂仁。

砂仁是薑科多年生草本植物陽春砂或者縮砂或者海南砂的乾燥成熟

果實，7～8月間果實成熟時採收，低溫焙乾，用時打碎。砂仁是一味中藥，也是火鍋、滷料中常用的一種香料。砂仁性溫，味辛，具有行氣調中、和胃醒脾的功效，用於溼濁中阻，腹痛痞脹，胃納食滯，嘔吐瀉泄，妊娠惡阻，胎動不安等症。我以前常吃的香砂養胃丸，砂仁就是其中的主藥之一。

雲南做砂仁條，要把砂仁磨成細粉和糯米粉拌勻，加上糖，另外，我覺得應該是用豬油而不是植物油，這些原料決定了雲南版的砂仁條通體油潤，色澤如淡淡的藕荷色，香氣特殊，有較好的溫養脾胃的功能。

不過，砂仁燥性比較大，不宜多吃，這點要注意。

● 蘭州拉麵與炸百合

「甘肅拉麵」，其實很多人更願意叫「蘭州拉麵」，果真，蘭州的拉麵味道確實獨一無二。

中國的麵食很多，但愛吃拉麵的人不少。拉麵因為麵更為筋道，口感更好，所以不僅中國，我們的鄰邦也都爭相效仿。日本的拉麵也是很有名的，當然他們做了大量的日本化的改變。日本拉麵並不一定是手拉出來的，拉麵這種食物在日本現在是以假名的方式拼寫，只是直接借用了漢語「拉麵」的讀音。

日本拉麵的一般定義就是在湯水中放入麵條，所以根據湯水的不同特色，就會分成不同的風味，比如北海道札幌的拉麵是味噌風味的，福岡縣

博多的拉麵是豬骨風味的，而和歌山的拉麵是豬骨醬油風味的。和歌山拉麵好吃的祕密，跟和歌山紀州湯淺是醬油發祥地有很密切的關係，正是這種醬油的鮮美滋味，帶出豬骨湯頭的濃郁香醇，造就了和歌山拉麵的迷人之處。

我們的蘭州拉麵不搞這些噱頭。蘭州拉麵一定要拉，和坊間流行的細絲拉麵不同，傳統的蘭州拉麵我更喜歡「蕎麥稜」，類似於筷子粗細而帶點三稜形的麵條特別的筋道有嚼頭。蘭州拉麵的湯也是精心熬製，絕對不會含糊。蘭州人吃牛肉麵，先喝一口湯，便知是不是道地。熬湯常選用草原上出產的肥嫩牛肉，加大塊牛頭骨和腿骨，再按比例加入牛肝湯和雞湯，在大鐵鍋內慢火熬煮，之後每一次都要兌上一次留下的老湯，循環往復。所以蘭州拉麵的湯味道濃，卻能夠做到清亮澄澈。

我吃蘭州拉麵，最愛大碗寬湯，撒上香菜，放上幾勺油辣子，然後加上陳醋，「吸喱突魯」（北方話，模擬吃麵的聲音，表示吃得香而快）一碗下去，有著滿頭冒汗、滿嘴油光的真實滿足。

蘭州還有一樣特產也很不錯，就是百合。這裡說的百合，其實是指百合花的鱗狀莖，但是通俗的叫法是「球根」，所以可食用的百合你說它是莖也對，說它是根也對。蘭州百合是中國國家地理代表產品，個頭大、味極甜美、色澤潔白如玉，特別是纖維很少，生吃沒有渣子，又毫無苦味，是百合中的上乘極品，也是全國唯一食用甜百合。

大部分人喜歡百合，應該是從喜歡百合花開始。我小的時候，沒錢買花，想買也沒地方買去。可是那時讀茹志鵑的《百合花》，感動得不得

了，想想呀，天下那麼多花，有名的也多得是，人家茹志鵑就選了種百合花，肯定非常純潔非常美麗。

後來鮮花屋滿大街都是了，才認得百合花——原來就像水晶高腳杯，還是喝白葡萄酒的那種。百合花無論白的還是粉的，辦公室裡插幾枝，那種甜香無處不在又不膩人，心裡舒暢極了。

再後來接觸了百合的「地下組織」。我的身體血氣不華，夏天也經常手腳冰冷，老中醫們可有事做了，時常人蔘、黃耆幫我吊著，怕我哪天他們一不留神，我和地藏王菩薩走了。可是我又容易上火，上了火就痰壅咳嗽，於是又時常拿百合煲蜂蜜水壓著。那時候知道了百合原來還有這功效，真是好東西。

甘肅是盛產百合的地方，甘肅百合比別的地方的百合特別的潔白和粉質大，因而我熬粥一直是用甘肅百合。後來看到甘肅人吃百合，覺得既藝術又技巧。甘肅人是把百合炸了吃，而且百合不拆散，是整顆百合裹了稀麵糊，在熱油裡慢慢炸開，成為一朵朵金黃色的蓮花。當炸百合端上來的時候，我徹底被震撼了。這聖潔的金蓮花，帶著麵糊的香甜和百合粉嫩的質感，留在嘴裡一團甜美的清鮮。

傳說在伊甸園裡，撒旦變成毒蛇，誘惑亞當和夏娃吃下禁果，犯下了人類的原罪。亞當和夏娃因此被逐出伊甸園，他們因悔恨而哭泣，悲傷的淚水滴落在地面上，化成潔白的百合。這炸百合把埋在地下的百合變成餐桌上盛放的金蓮，也正如它地面上那純潔芳香的百合花，從黑暗和淒美中孕育出無與倫比的美麗。

● 寧夏包子與新疆烤包子

寧夏是塞上江南，風光確實不錯。但是縱然如此，寧夏的飲食習慣卻是明顯的北方化，尤其是回族兄弟很多，牛羊肉也吃得多。其實說到清真食品，中國歷史上從宋朝開始，得到了長足發展。北宋宮廷內的肉食品，幾乎全用羊肉。仁宗皇帝喜吃羊肉，特別是燒羊肉。《孔氏談苑》載，有一夜仁宗睡不著覺，感到飢餓，因而「思食燒羊」。宋室南遷臨安後，仍以羊肉為宮廷主要肉食品，宮廷以羊肉為宴的記載亦見於多處史料。

寧夏最常見的牛羊肉小吃是牛羊肉的氽麵條，當然還有清真的牛肉包子。羊肉其實也有包子，不過一來味道還是比較膻，二來好像一般羊肉餡都很少。

清真做法的牛肉，品質是可以保證的。因為基於他們的信仰，殺牛宰羊都是要穆斯林的阿訇動手的，還要唸誦經文，帶著某種儀式性，而宰殺的牲口也必須健康，宰好的肉也非常乾淨，不會水肉。

寧夏包子是半發麵的包子，包子皮一般發的不是很厲害。做法也比較傳統：用麵粉加上水、老酵頭（麵肥）揉勻發酵；將發酵好的麵糰加入鹼水揉勻，用溼紗布蓋好，餳一會，讓麵充分膨脹；牛肉剁成小的顆粒，不要太碎；配菜可以單獨用大蔥或者紅蘿蔔，也有用芹菜的，也是切成顆粒；炒鍋置旺火上，放入菜籽油燒至六分熟，下牛肉炒散略發乾時，入薑末、醬油，再稍炒即起鍋；拌入胡椒粉、花椒粉、大蔥碎、精鹽即成餡料；把餳好的麵糰揉勻，搓成圓條，揪成劑子，分別擀成圓皮；包上

餡心，收口處捏成細皺褶，放入蒸鍋的籠屜裡，用旺火沸水蒸約 15 分鐘即成。

寧夏包子個頭比較大，牛肉香氣十分濃郁，吃起來果真比其他地方的牛肉包子美味很多。

同為西部地區，新疆的烤包子也很好吃，給我留下深刻印象。烤包子通常用的是羊肉，形狀傳統上其實是長方形的，當然現在也基本是圓形的了。

烤包子是用饢坑烤的，所以其他地方買包子一般是等著「出鍋」，在新疆買烤包子都是等著「出坑」。烤包子在維吾爾語裡叫「沙木薩」，是很火的傳統日常美食。新疆烤包子和寧夏包子有一些不同：首先，烤包子的麵糰用的是死麵，不需要發酵，所以麵皮要擀得薄一些，厚的吃起來太硬，口感不好；其次，包子餡用羊腿肉丁、羊尾巴油丁、洋蔥（新疆人對洋蔥謎之迷戀，他們叫「皮芽子」）、孜然粉（孜然，某種程度上代表了新疆）、鹽和胡椒粉等原料，加入少量水，拌勻而成；再次，將死麵包子皮擀薄，四邊向內折合成長方形；最後，就是饢坑要出馬了。饢坑主要是烤饢用的，但是不限於烤饢（還可以烤肉和烤包子）。將包好的生包子貼在饢坑裡，掌握好饢坑裡的火候，十幾分鐘即可烤熟。

烤熟後的烤包子貼在饢坑中，因為皮很酥脆，所以取出它也是需要技巧的 —— 需要用鐵鉤子和一把鐵鏟同時配合下才能鏟出完整的烤包子。一個個方方正正、飄香四溢的烤包子，被維吾爾族年輕人鏟出後，熱騰騰的堆在一起，然後帥氣的維吾爾族年輕人就開始吆喝，人們迅速圍攏，買

走這些焦斑黃亮、皮脆肉嫩、味鮮油香、絕無膻氣的烤包子，令人羨慕地大快朵頤去了。

● 泥巴裡的美味 ── 炒琪

簫簫從山西回來，帶給我一包綠豆餅和一包炒琪，我覺得都不錯，因為是山西產的。簫簫出生在成都，長在成都，成了山西人的女婿。而我出生在太原，成長在太原，卻很少回山西了。看見山西的東西，往往帶著親切，無他，唯來自故土耳。

炒琪，除了山西人，可能外人不僅沒見過，連聽也沒有聽說過。中國流行過一段「舌尖上的中國」，流行的原因是鄉土觸動人心，人文涵於美食。而炒琪是真正「泥巴裡的美味」。做炒琪，離不開泥巴，而且要用黃土高原上產的偏白的窯洞白泥巴。說是白泥巴，倒不至於像觀音土那麼白，其實還是黃土。黃土不能選黏土，是直立性好的那種土，不僅要敲打成細末，還要用篩麵的細眼籮筐篩成粉麵。大鐵鍋燒上，先炒白土，另一邊就要準備炒琪的「琪子」。琪子是白麵加上鹽、花椒粉、油，用雞蛋和水和成麵糰，然後餳一會，擀成大圓片，切成指頭般寬的條，再滾著搓成圓柱體，用刀切成小粒。

白土什麼時候就炒好了？要像水開了一樣，表面也冒大氣泡。這時候把琪子倒進去，不斷翻炒，炒到變硬，表面呈乳白色就好了。這還都是土呢，就等著涼了一起倒進細眼籮筐把土麵子篩掉，講究的還要用乾毛巾把

表面擦一遍就可以吃了。

做好的炒琪色澤焦黃，口感清脆，香醇可口，關鍵是久藏不壞。炒琪已有 5,000 年的文化歷史，相傳古時舜攜娥皇女英，暢遊歷山炒琪窪所留。民間傳統醫學認為「脾虛傷食，補以脾土」，炒琪對於腸胃疾病具有良好的保健功能，還能預防他鄉水土不服。簫簫知我有慢性胃炎，特意帶回來，真是有心了。

可能有很多人還是對泥巴做食物媒介有疑問，其實中國對泥巴的利用很早。我記得看過一個醫案，是關於清代名醫葉天士的。乾隆十六年（1751 年），江陰、宜興等地霍亂肆虐，恣意流行，每天都在死人，眼看瘟疫難以控制，並有蔓延之勢，千總大人十分著急，派員去請葉天士。葉天士來到疫區，察看了疫情，用帶來的中草藥配製成「四逆湯」救治病人。但霍亂流行面廣，患病人多，帶來的藥材很快就要用完了，但疫情還是控制不住。葉天士面對肆虐的霍亂，心急如焚。這時，一個隨行的人說，在他的家鄉也流行過類似的病，當時挖取帶蚯蚓的地下黃土沖水喝，效果很好。一句話提醒了葉天士，他想起張仲景的《金匱要略》上就有「黃土散」的方子，即灶心上燒過的土，藥名伏龍肝，有溫補脾胃、止吐止泄的功效，而天寧寺的和尚治上吐下瀉是靠喝多年發霉的陳芥菜滷治好的。葉天士心想，灶心土研末後用陳芥菜滷送服定能起效。於是，他發動村民燒黃土，天寧寺的和尚也送來了陳芥菜滷，讓村民服用。果然，村民在服用了陳芥菜滷後，患者很快痊癒，健康者再沒有被傳染，霍亂疫情很快被控制住。而在很多年以後，人們才從黃土中提煉出了土黴素等消炎物質。

山西，其實一直是一個資源貧瘠的省分，人們津津樂道的「煤老闆」，其實並不是處處都有，煤礦產地相對集中。但是遍地的黃土，沒有磨滅山西人對生活的熱愛，他們利用和炎黃子孫皮膚一樣顏色的卑微之物，創造了不輸於淮揚細點的美味。

● 平遙的家打月餅和油花花

我以前讀書在山西財經學院，現在改名叫山西財經大學了。學的課程裡有明清商業史，其實主要講的就是平遙，以至於我一個學期去了 7 次喬家大院，再加上後來的渠家，平遙是去夠了。話是這麼說，還是喜歡平遙。最喜歡的是市樓一條街，繁華落盡卻更有味道。還有城牆的魁星樓，配合 72 個堆口，象徵孔子 72 門徒先賢，商業和儒家文化交織，有義有利，盡顯商業大家風範。

我以前很愛吃平遙的「碗禿子」和蒸乾肉。碗禿子像太原的蕎麵灌腸；蒸乾肉是一片豆干一片豬肉片交疊在碗裡用蒸籠蒸透就好了，都簡單，但是都好吃。

再後來，以前的平遙同事特地寄給我一箱平遙家打月餅，我對這個月餅很喜歡。月餅本來是個很雅緻的吃食，也很有儀式感。可惜現在不拜月了，儀式感沒有了，它就成了個普通東西。商家不想讓它普通，就拚命增加它的價值，不過我總覺得走偏了 —— 不外乎在皮和餡上做文章。餅皮、有機蔬菜皮、果泥皮、咖啡皮，海參餡、鮑魚餡、燕窩餡，我還見過

宮保雞丁餡的。也有的為了節約成本，發揮化學的神奇力量，不管什麼餡，一律是冬瓜蓉加色素和對應的香精，買的人也不少。

我喜歡味正的東西。這個「正」，就是能吃出來食材的本味。平遙家打月餅就是本味突出、越吃越香的美食。平遙家打月餅外形一點不討喜，就是一個帶點餡的薄皮乾燒餅。吃起來也挺硬，可是越嚼越好吃，那種穀物的香氣完全散發出來了。餡也簡單，就是紅糖、碎花生、瓜子仁，簡單的材料才能讓人認真感受這不多的食材本來的味道。我還看到一個月餅上不僅有模子的花紋，還有一整條乾的香菜，也有的月餅不是圓形，像是寶塔狀，我問了朋友，她也沒說清，只是說好像還有男孩女孩吃不同形狀月餅的習俗。

月餅吃了沒多久，又遇上了平遙的油花花。油花花也是麵食小點心，應該是水油麵加紅糖、雞蛋和好擀開，切成長方形小片，再切成像梳子般形狀，然後每個「梳齒」盤捲起來，最後入油鍋炸熟。也是簡單極了的吃食，可是吃起來微甜酥脆，麥香濃郁，而且久放不壞。

其實不止這些，山西的吃食大都簡單質樸，可是卻能還原這片黃土地的本味，這就是世間極難得的了。

● 泉州的滷麵和五香捲

北京的馬連道茶城，我覺得半壁江山是福建人的。尤其是茶貿中心一帶，感覺和福建差不多，尤其是餐廳，一水的福建風味。我有慢性胃炎，

以前愛吃辣的，現在大致向清淡一路走去。北京的初秋，在陣雨和未退的暑熱中徘徊，我們幾個朋友逛完茶城出來，索性就找了一家泉州餐廳吃飯，桌子搬到了房檐下面，倒覺得清爽了幾分。

沒想到，能和泉州滷麵結緣。

朋友點菜的時候沒有聽得太清楚，以為是炒麵，就點了一盆。等到上桌，一看是湯麵一般，又像鄭州的燴麵，不過湯沒有那麼多，顯得很稠。每人盛了一小碗，吃了幾口都不約而同地放下了筷子，不是不好吃，而是沒想到居然這麼好吃。都是愛吃的人，一時間拍照的拍照，細看配料的看配料。

泉州滷麵主料當然是麵條，吃起來有濃郁的鹹味。後來我問了一些泉州的朋友，說是也有不放鹹的麵條。不過我倒覺得鹹麵條不難吃，有種特殊的風味。輔料是細碎的瘦肉，也有煎過的墨魚粒或者花蛤，還有小小的海蠣子，此外也有香菇、蝦等。

滷麵口感濃稠滑口，是用熬製的骨湯或肉湯，加上胡椒粉、糖、鹽等熬煮，麵條熟時，又用地瓜粉勾芡適當收汁，口感才會那麼濃厚。當地人吃滷麵，還要加上蛋絲、沙茶醬或蒜茸醬等，更是風味獨具。

本來已經吃飽，突然看到剛剛出鍋的食物，倒是我以前吃過，也很喜歡的，便讓店家趕快炸了端出來。因為想吃，卻忘了這種食物蒸好後要回涼，才能炸製，否則會在切的時候細碎，不易成型。果真，端上來的時候有點亂糟糟的感覺，倒不是店家的錯了。說了半天，是什麼吃食呢？泉

州五香捲是也。五香捲是泉州民間的傳統肴饌，油豆腐皮裡麵包入五花肉塊（而不是肉餡），還有蝦仁、馬蹄丁，捲好後先蒸熟，然後入油鍋炸脆至外皮變成金黃色，切成斜的菱形段。配點酸蘿蔔和辣醬吃，最是脆爽鮮香。

元氣穀物

原野牛羊

● 羊雜湯裡的似水流年

喝羊雜湯有的時候也是一件奢侈的事。

上次和國中就相識的朋友說起讀書時最愛吃的食物，大家不約而同地說到了太原的羊雜湯。羊雜湯其實是我寫文章的書面語，太原話其實叫做「羊雜割」。

我其實是個不太喜歡重複的人，不過老同學在一起，往往重複地說讀書時的趣事，卻從無人打斷，也從無人厭倦，總是想聽這些耳熟能詳的回憶。彼此年紀都過了 40 歲，早已不是對魚翅、鮑魚、松露之類肥腴甘濃之物垂涎的青澀少年，但說到羊雜湯還是口水盈腔。之後又說到何時大家再一起吃一次太原的羊雜湯，突然彼此都沉默，只看見窗外的八重櫻粉白的花瓣飄飄落下，碰在窗玻璃上，發出驚心動魄的聲音。而現在想想，就

連這個「上次」也是 10 多年前的事情了。

羊雜湯為什麼在太原叫做「羊雜割」？據說還是成吉思汗母親的偶然發明。

雖然舊時山西和蒙古連繫緊密，然而我還是覺得無須為羊雜割找到這麼高貴的出身，這平民化的食品流傳至今仍然得到山西人的無比喜愛，便是最為誘人的明證。

羊雜割，所謂的「雜」，就是羊肚、羊肝、羊肺等雜碎之肉，「割」便是切成一片一片的。我自己在家做菜，刀工不是太好。我曾經覺得無傷大雅，後來才發現刀功真正的意義是你選擇切斷纖維的方式。不同的方式，也許是角度，也許是速度，會影響食材斷面的狀態，也就影響了食材的失水度。食材水分的微妙變化，影響了食材的質感，成為「滋味」這個詞彙中不可或缺的重要因素。而孔子說：割不正，不食。切得不到位，他就不吃了，這也從另一個角度證明刀功的重要性。

所以，「羊雜」是食材，「割」是這道菜好吃不好吃的基礎，這才是應該在名字上顯露的。而至於「湯」，不過是描述最後結果的狀態罷了，沒有前面的細節，不會有最後好的結果。

這羊雜割本來也沒有什麼稀奇，可是要把這羊雜的腥羶壓下去，把羊肉的鮮美味道提上來，不是件容易的事。羊雜割靠的就是老湯。幾年乃至幾十年的歷次羊雜湯熬煮疊加下來，那種鮮美不是用語言可以表達的。讀書的時候，同學們彼此都是窮學生，尤其是天寒的日子，騎單車到了學

校，已是雙手雙耳凍得通紅，鼻子除了還能夠聞見羊雜割的香氣外已經完全失靈。先在校門外的小店解決早餐，幾個相熟的同學便坐在一起眼巴巴地等著那一碗羊雜割。只見老闆俐落地把羊雜碎放在一直燒滾的老湯裡燙了鮮熟，盛在白瓷碗裡，多多撒了白胡椒，又用滾燙的老湯一淋，加了紅亮的油辣子末，撒了綠油油支楞楞的香菜段，笑嘻嘻地端了上來。趕緊喝一口，那個辣，那個香，那個燙，那個美！再奢侈一點的時候，按照個人不同的喜好，又要了缸爐餅子或者燒餅。

缸爐餅子，可能是更不常見的吃食。是用水缸為爐體，慢火烘烤出來的一種長方形的麵餅，油很少，可是麵很硬，一面烤得微微發黃，一面沾滿白芝麻，咬一口，既有嚼頭，又滿口麥香。我往往是一半細細地嚼了，一半便泡在剩下的半碗羊雜湯裡，等餅子吸飽了羊雜湯的鮮香，再吃下去，真的是那時候最滿足的事情了。燒餅是另外一種感覺，油香突出，焦黃脆熱，拆開來一圈一圈的，也是把綿軟的內裡泡在湯裡，是不同的一番風味了。

人生就是這樣，你的能力慢慢增長，有的原來很難辦到的事情可以輕易地辦到了，可是有的原來很容易辦到的事情，你卻發現變得那麼難。「茕茕白兔，東奔西顧；衣不如新，人不如故。」唏噓之時，忘不了的是那一碗羊雜湯，曾經那樣溫暖了我青春的似水流年。

● 沒頭沒腦的頭腦

我可能是中國的吉普賽人，大學畢業後，基本到處流浪。大理、騰衝、成都、上海都待過不短的時間。相對北方來說，南方的天氣雖然總體上暖和，可是到了冬季，便是屋外倒比屋內暖，屋外的陽光一晒，渾身發熱，可是到了屋內背陰的地方，坐一會就手腳冰冷，這時候我就異常懷念山西的頭腦。

頭腦，可能除了山西太原的人外，知道的人不多，聽說的大抵也認為是豬頭豬腦做的一類東西。其實說到這頭腦，倒真是一個流傳百年的老吃食。《水滸傳》第五十回〈插翅虎枷打白秀英 美髯公誤失小衙內〉有一段話：「那李小二，人叢裡撇了雷橫，自出外面趕碗頭腦去了。」這可能是目前我所見的有關頭腦最早的記載，但是因為僅此一句，也不知道此頭腦是不是彼頭腦。我說的頭腦，是傅山老先生傳下來的。

傅山，可能知道的人也不多，如果聽說可能也是《七劍下天山》的功勞。大多數人都把傅山看作一位反清復明的人物，其實傅山不僅有如此抱負，在書法上更是別具一格，在儒學研究上一改前人注重經學的研究，在子學領域開創一代恢宏局面，並且還精通醫道，有傅山的《青囊祕術》流傳於世。傅山同時也是一位孝子，老母年事已高，身體日漸虛弱，傅山於是潛心研究，辨證配伍，根據「藥食同源」的道理，創製出「八珍湯」，每天給老母服用，母親身體恢復強健，壽 84 歲而終。

和傅山關係較好的一位甘肅平民，流落山西，生計艱難。於是傅山

將此藥膳傳給他，助他開一小店。這八珍湯，既然叫八珍，其中有 8 種主料——黃耆、良薑、羊肉、羊髓、煨麵、黃酒、藕塊、長山藥。其中，黃耆乃山西特產，主治氣短、虛脫、心悸、自汗、體虛浮腫，歸脾、肺經；良薑治脾胃中寒、脘腹冷痛，歸脾、胃經；羊肉溫中暖腎，補益氣血，主治形寒肢冷、氣血虧虛，歸心、腎經；羊髓能補腎益髓、潤燥澤肌，主治虛勞體弱、腰痠膝軟、肺痿咳嗽，歸肺、肝經；黃酒主行藥勢，能殺百邪惡毒、通經絡、行血脈、溫脾胃、養皮膚、散溼氣、扶肝、除風下氣；煨麵就是炒熟的麵粉，可以暖胃；蓮藕可健脾開胃、止瀉固精、強健腦力；長山藥益氣力、長肌肉，久服耳聰目明。這幾味中藥和幾種食材，不僅搭配巧妙，把人體的主要臟腑都照顧到了，而且互相配伍合適，不是單一的補充某些功能，能夠彼此互相促進人體的健康。

傅山的八珍湯不僅療效好，而且口味佳，小店一時生意興隆。傅山不僅要盡孝，還要為國盡忠。他開始逐漸整合反清復明的力量，就以八珍湯小店為聯絡點。為了表示對滿清的憤怒，展現漢人正統，傅山正式把八珍湯改名為「頭腦」，再在後面加上山西另一種風味美食的名字「雜割」（羊雜碎湯），為小店題寫了招牌「清和元」，連起來就是「頭腦雜割清和元」，表達他恨不能「飢餐胡虜肉」的豪情。而且清和元店門口掛紅燈籠，人們也趕早提著燈籠去清和元喝頭腦，隱喻「明」朝的意思，真是「天不欲明人欲明」啊。

頭腦雖然看起來複雜，其實自己在家裡也可以製作。關鍵是注意幾個要點：1. 羊肉要選綿羊腰窩肉，易於煮爛而且不腥羶；2. 黃耆最好選正

北芪，切好的放三四長條片就行；3. 羊肉煮好後，清羊湯拌煨麵加上山藥小段，細細地熬，可以煮到麵糊發稠、不分離為止；4. 麵糊煮好後再加藕片，但是稍沸即離火，一是為了藕片略顯脆爽，形成質感的對比，另外也為了麵糊色白稠濃，不變褐色。做好的頭腦看起來麵糊稠白，濃黏而有厚重感，喝到嘴裡要求達到「甜、軟、綿、香、熱」，喝不了幾口，就覺得胃裡暖烘烘的，一碗喝完，也不見得身上出微汗，可是全身都通暢舒泰，彷彿外面有多大的風雪都能應付。

喝頭腦有兩樣東西不能少。一是醃韭菜，選用霜降前收穫的寬韭菜，去黃稍，摘揀後洗淨，瀝乾水分，切成約五六公分長的段，加了精鹽醃一兩日，喝頭腦時配一小碟，不僅口味上更加鮮爽，更重要的是醃韭菜就好比藥引子，可以發揮頭腦最大的功效；二是少不了「帽盒子」。帽盒子是太原特有的一種麵食，就是烤餅子，但是比尋常燒餅小很多，短圓柱形，中間空，是用不發酵的麵粉加入椒鹽捏成兩片空殼，合在一起，入爐烤製。喝頭腦時把帽盒子掰成小塊，泡在頭腦湯裡，噴香耐嚼，別有風味。

離開太原近 20 年，中間回去過 3 次。曾經當成件大事的專門去清和元喝了一頓頭腦，才早上 7 點鐘館子裡已經坐滿了人。鄰座的老大爺，從白露到立春頭腦的供應期間，每天早上 5 點起床趕第一鍋的頭腦，那真是吃頭腦的祖宗啊。老大爺吃完了一抹嘴，衝我說：「年輕人，好，喝頭腦的年輕人少，可是頭腦真是個好東西，以後常來喝啊。」這話他說的底氣真足，說完了微微瞇起了眼，然後走到外面晒起了太陽。可不，我一抬頭，真好的太陽。

● 撒撇

我第一次吃到撒撇是在雲南騰衝。騰衝的民族不少，有傣族、傈僳族、回族、白族等等。以前一說到傣族，我腦子裡就會想起穿著筒裙的傣族小女孩在鳳尾竹下笑嘻嘻地走過。後來我才知道，傣族也有分支，有約定俗成的一些分類和稱呼：生活在山地上的傣族俗稱「旱傣」，在西雙版納熱帶雨林生活的傣族俗稱「水傣」，而繫著花腰帶、頭戴翻翹小斗笠的是花腰傣。

旱傣的名菜是撒撇。撒撇是一類食物，其實是指一種技法。「撒」在傣語裡是「涼拌的意思」，「撇」表示肉類。所以撒撇可以拌不同的肉類，使用牛肉的就是牛撒撇；使用豬肉的就是豬肉撒撇，傣族稱「撒達魯」；使用魚肉的就是魚撒撇，傣語稱「巴撒」。而撒撇又分三部分組成，一個是主料，一個是附菜，一個是撒撇汁。主料是選用什麼肉。附菜比較豐富，但常見包括傣族特製細米線、黃瓜、刺五加、水鄉菜、苦筍、馬蹄菜等。撒撇汁分檸檬撒撇、牛撒撇等。檸檬撒撇味酸，有清涼解暑功效；牛撒撇味苦，有清熱功效。牛撒撇這道菜具有藥膳價值，可以幫助消化、健胃、消暑袪熱。

最麻煩的就是牛撒撇了，真正的牛撒撇是很不容易吃到的。為什麼？為了做這一道菜，要殺一頭牛。通常都是村寨裡的貴客到了，好客的傣家人會專門做這一道菜。撒撇用的主料是牛腸子裡的苦腸汁，也就是牛吃了百草以後消化在腸子裡還沒有來得及吸收的百草精華。除了百草精華，還

要用牛初步消化尚未反芻的胃汁。在殺牛前一個多小時，餵牛吃一些傣鄉特有的野草——五加葉和香辣蓼草。

五加葉因為葉緣長刺，所以也叫刺五加，是一種清涼、味苦的中草藥。香辣蓼草葉型似辣椒葉，味道又辣又苦，具有殺菌的功效。殺了牛後，從牛胃裡取出這些初步消化的草汁，再加上其他佐料：小米辣、花椒麵、花生末、八角、草果面、味精、鹽，再放一些新鮮的切細了的五加葉和香辣蓼草，拌上從山裡採來的野香蔥，然後和這黑色的苦腸汁拌在一起，之後用傣家特有的香料香柳、野茴香等再加上一些青檸檬汁和勻，牛撒撇汁才算真正做好了。另外切一些精黃牛肉，做成肉泥，配上黃牛肚和牛脾臟，放在煮好的涼米線上。吃的時候用肉和米線蘸了腸汁一起食用，也可以把腸汁倒進去拌和食用。牛撒撇不僅味道獨特，清香苦爽，而且還可以清熱解毒。

牛撒撇的牛苦腸水，很多人一下子接受不了。其實這類似於中藥裡的百草霜。百草霜是我們燒稻草做飯黏附在鍋底的草灰，不但具有豐富的百草營養成分，而且有清熱解毒和健脾開胃的功效。苦腸水比百草霜的功效還要好，因為它沒有經過煅燒。剛開始吃苦腸水覺得有點微苦，再食回味悠甜，加上清涼的香柳、酸爽的檸檬，撒撇便成了一道口味極佳的藥膳食譜。胃熱上火，風火牙痛，體內各種炎症，吃上一兩次牛撒撇，就基本可以好了。你看，牛撒撇是真正的藥食同源啊。

撒達魯其實也不錯。要用生豬肉做，做法是用豬的脊肉剁成泥，加上傣族特有的香料還有熬好的醃菜酸水做成蘸水，可是吃的不再是米線，而

是小塊的燒豬皮、切成絲的生木瓜、蓮花白菜、青筍和紅蘿蔔等，味道酸甜清脆，口感極佳，而且清涼解火。

巴撒簡單來說就是生魚片加上魚肉沫撒撒汁。取魚脊肉（鯉魚最佳，其他魚也可）搗成泥狀，放上檸檬汁，把剁細的香料韭菜、緬香菜、香柳、小米辣等攪拌在一起，就做成了一碗蘸水，然後再準備一盤生魚肉片，加上萵筍細絲或包菜細絲，吃時放進到蘸水裡蘸一下，味道是酸甜的，也十分爽口。

●「詐馬」是隻羊

元朝之時，宮廷盛行「詐馬宴」。詐馬宴是最高規格的宮廷宴請，屬於「內廷大宴」，能參加詐馬宴那是非常榮耀的一件事。查有關史料的食單，詐馬宴上的吃食有：「羊膊（煮熟、燒）、羊肋（生燒）、獐鹿膊（煮半熟、燒）、黃羊肉（煮熟、燒）、野雞（腳兒、生燒）、鵪鶉（去肚、生燒）、水扎、兔（生燒）、苦腸、蹄子、火燎肝、腰子、膋肉（以上生燒）、羊耳、舌、黃鼠、沙鼠、搭刺不花、膽、灌脾（並生燒）、羊肪（半熟、燒）、野鴨、川雁（熟燒）、督打皮（生燒）、全身羊（爐燒）」等等。看了半天，沒「馬」什麼關係啊。後來一問，「詐馬」是蒙語的音譯，現在多翻譯成「昭木」，其實是一個蒙古語詞，是指褪掉毛的整畜，意思是把牛羊家畜宰殺後，用熱水褪毛，去掉內臟，烤製或煮製上席。元朝的時候也有烤整牛的，那個想起來肯定更壯觀，而流傳到現在，最出名

的就是烤全羊了。

最初的烤法很簡單，據《蒙古祕史》等史書記載，成吉思汗時代，蒙古軍隊打仗做飯，經常搭一個三角架子掛一隻整羊烤著吃。而《元史》也說，蒙古人「掘地為坎以燎肉」。到了元朝時期，建元立國，生活比較安逸，所以肉食方法和飲膳都有了很大改進。《樸通事·柳蒸羊》對烤羊肉做了較詳細的介紹：「元代有柳蒸羊，於地作爐三尺，周圍以火燒，令全通赤，用鐵芭盛羊，上用柳枝蓋覆土封，以熟為度。」這烤全羊一直延續到清朝，在清代各地蒙古王公府第幾乎都用烤全羊招待貴賓，是高規格的禮遇。

烤全羊之所以名聞遐邇，最主要的還是因為好吃。你想，把羊肉烤得毫無膻味，又能像烤鴨般美味，還不像烤鴨那樣小裡巴氣的，保證夠，大口吃肉，多爽啊！

烤全羊為什麼好吃？首先是選用的羊肉質好，要選擇膘肥體壯的四齒三歲以內，最好是一年半齡羊。而內蒙的羊多吃沙蔥，本身肉質細嫩少膻。其次是屠宰時必須採用攥心法，即從羊的胸部開刀，把手伸入羊腔，攥捏其心臟致死，用這種方法殺死的羊不會大量出血，其肉特別可口。羊宰殺後不用剝皮，而是開膛取掉五臟和下水，洗淨後用開水燙去羊毛，再用鹼水內外洗淨。烤製之前在羊的胸腔內放入各種佐料，四肢向上，羊背朝下，用鐵鏈反吊起來，放入爐內烘烤。爐子是用紅磚砌成，上面是穹窿頂，羊整理好形狀後從烤爐上部側口吊入，烤製的時候要關閉天窗和爐門，借用爐內高溫，慢火烤炙，使羊腹中的佐料味逐漸滲透於羊肉之內，

同時能使羊肉熟透。這幾年為了加快烤羊速度，也有用大電爐子放在烤盤上整體烤的。

烤好的全羊要以羊羔跪乳的姿勢擺入長方形大木盤內，嘴叼大綠芹菜或者香菜，頂部戴一紅綢緞花。上桌後，由尊貴的客人先在背部畫一十字刀口，意為已經切開，再由專人將羊剖卸成小塊。一般配乾辣椒味碟蘸食。這樣的烤羊肉，外皮焦酥油潤紅亮，吃起來酥脆香嫩，毫無腥羶，肥而不膩，口腔內長久回味著香美之感。

其實新疆也有烤全羊，維吾爾語叫「吐努爾喀瓦甫」。做法類似，只是要先用調味料製成糊塗抹羊坯進行入味醃製，然後用類似囊坑的爐具烤製。也不吊起，用酒杯口般粗的木棍一以貫通，兩頭斜立在地上和爐壁上烤製。其味道也很好，孜然的香氣更突出。

● 粉蒸

米粉什麼時候入饌的，我未查到資料。但是想來應該是源於南方稻米產區，北方不產稻米，粉蒸顯得有點浪費。

粉蒸以前的技術成分很高，因為要不同的食材配不同的調味料，還要用石磨把米研碎。現在超市裡都有粉蒸料，倒是簡單了很多。簡單工業性的好處是標準化，標準化的問題是沒有了粉蒸的美味，或者說起碼不會有驚喜。

　　我的主業是管理培訓，管理的很大一部分工作是標準化。標準化的好處是一致性，作為一個企業來說，需要標準化。否則，你在這家麥當勞吃到的漢堡是圓形的，換了一家麥當勞變成了三角形的，顧客心裡該猶豫了——這不是一家吧？但是作為美食體系來說，又不能夠標準化。所以你看，美國可以出現麥當勞、肯德基，兩個速食品牌打天下，投資人很高興，民眾也沒有意見。可是美國永遠出現不了在烹飪史上可以留下一筆的美食。我曾經和一個法國知名的大廚聊天，作為西餐是有配方的，可是他又說，真正的美味都在不經意間。即使是他，在烹飪的時候，也是不按照配方的，而是他希望呈現給顧客的感覺。話說回來，超市裡的粉蒸料做出的粉蒸菜是不是能吃？絕對能吃！是不是美食？你敢說它是美食，我絕對要懷疑你的審美能力。

　　美食和工業化天生是矛盾的。美食是一種情意，它在精心準備、充滿感情的製作過程裡醞釀和發酵；工業化是一種效率，它為的是完成吃飯這項任務，目的是完成，不是吃了什麼。但是美食和工業化又和諧存在著，因為上班時的飲食可以工業化，但是居家的飲食，還是不要那麼懶吧，起碼我們可以透過居家餐食學習如何表達自己真實的情感。

　　粉蒸菜很重要的是做粉。用稻米，也可以加一點糯米增加口感，加上大料、桂皮、乾辣椒、花椒等調味料，一起放入鍋中，不用油，用小火不停焙炒。待到稻米顏色變黃時，加入鹽，繼續小火焙炒。一直炒到米粒焦黃，八角、花椒都有焦香味道的時候，即可關火。沒有石磨的用家用食物研磨機也是可以的，把炒好的材料一起倒入研磨機後反覆打磨，直到米粒

還有部分粗顆粒的時候，蒸肉米粉就做好了，等米粉涼後，將它們裝到密封袋或密封盒裡保存，隨取隨用。

再往下就比較簡單了。把食材切片，趁著水分潤澤的時候拌入米粉，揉捏沾勻，就可以上籠蒸。蒸到肉熟，由裡向外浸出油脂，讓米粉上有油脂的光澤就可以出鍋了。撒點蔥花，一片紅豔裡襯著點點綠，空氣裡都是米粉特有的香氣，胃裡立刻就活絡了。有的時候為了增加清香味，也把食材包裹起來蒸，包裹物通常都用荷葉，比如浙江的荷葉粉蒸肉。

我吃過的米粉菜裡面，對四川成都的小籠粉蒸牛肉和雲南大理的清真粉蒸牛肉最感興趣。四川小籠牛肉，還要加郫縣豆瓣等特殊的調味料，別的地方沒法比，小蒸籠很可愛，牛肉上面還點綴一撮香菜，水靈靈的鮮。牛肉的味道很濃，粉也質感香沙，辣得過癮。大理的清真粉蒸牛肉，以前古城裡人民路下段有一家叫做「金樹」的店做的最好。下面墊的是乾豌豆，牛肉很爛，不是辣味的，更能嘗出米粉的穀物香氣，還有下面乾豌豆糯糯的一糰粉，確實搭配的非常對味。

●它，似蜜

清真處理羊肉，那是一絕，沒法比的。

北京老的清真館子我常去的是烤肉季和紫光園，前者以烤肉出名，後者成了北京平民化的風味餐廳。烤肉季的烤肉確實好吃，不過我始終搞不清楚它到底是蒙古烤肉還是清真烤肉。烤肉季的其他吃食也是不錯的，尤

其是那些北京的傳統菜，比如，它似蜜。它似蜜紫光園也做，味道也很好，這倒是滿足了我的心。

光看它似蜜的名字，如果沒吃過，一般人絕對猜不出來這道菜是羊肉做的。羊肉實際上是非常好的食材，尤其是在補養人體虛勞方面，而且這種補養，是緩慢而有效的，不存在什麼虛不受補的情況。故而，在清代，無論是民間還是宮廷，都把羊肉作為一個重要的食療品種。從現存的《清宮膳底檔》來看，羊肉出現的頻率很高，一方面和滿族的飲食習慣有關，另一方面和慈禧的推動有關。當然，這並不是慈禧有意而為，只能說，她有一個水準很高的御醫。

從慈禧的日常食療方子來看，經常出現的不是名貴藥物，但都非常適宜和對症。例如當《起居注》中出現了慈禧略有腹瀉的時候，在《膳底檔》中焦米就出現了，而焦米正是用來治療腹瀉、補養身體微量元素的，即炒焦的小米是也。慈禧年紀大了以後，牙齒也不是很好，所以慈禧偏愛軟爛質感的食物，又比較喜歡偏甜口。

從中醫的角度來看，腎的意義很大，但中醫的腎，不是指一個臟器，更多地是指一種以腎臟為主的人體防禦機能。所以腎的好壞表現在很多方面。最基本的是「腎主骨生髓，其華在髮」。一個人的腎好，他的骨頭就比較強壯，而頭髮也會有光澤。

中醫又說，「齒為骨之餘」，意思是牙齒也是骨頭的延伸，故而牙齒不好也反映腎的毛病。

腎的機能對男女都一樣，甚至在女性的身上表現得還更明顯。我們常說「黃毛丫頭」，其實那是小女孩在五、六歲前腎氣、腎精還不充足，故而頭髮色澤不好。透過正常的飲食和發育，長大了，頭髮自然就黑亮了。而女性過了 50 歲，腎氣又開始衰弱，牙齒鬆動，頭髮稀疏，都是很正常的。我們看到慈禧的日常飲食裡很多補養腎氣的食材，比如黑豆，再比如，羊肉。李時珍在《本草綱目》中說：「羊肉能暖中補虛，補中益氣，開胃健身，益腎氣，養膽明目，治虛勞寒冷，五勞七傷。」但是羊肉入膳，最大的問題是膻味濃重。如果是民間，還可以用大蔥、香菜甚至孜然等濃重味道的香料遮蓋，可是慈禧不喜歡那些東西。故而，逼得御廚們左思右想，創製了一道「蜜汁羊肉」。

羊肉要想蓬鬆軟嫩，必須醃製掛漿。因此蜜汁羊肉是用羊里脊肉或羊後腿精肉切片，用雞蛋和生粉掛糊，入熱油鍋炒散，加上薑汁、糖色、醬油、醋、黃酒、白糖、澱粉等調成的芡汁勾芡而成。做好的蜜汁羊肉，色澤黃中帶紅褐，滋潤誘人，仿若杏脯。吃起來，鬆軟柔嫩，香甜如蜜，回味略酸，絕無腥羶。蜜汁羊肉的做法看似簡單，卻步步都是功夫，一步不到位，整道菜就做砸了。

慈禧特別喜歡這道菜，覺得羊肉能如此簡直不可想像。一問名字，覺得太直白，遂命名「它似蜜」。

● 淮南的醬豆和牛肉湯

　　我仗著母親是安徽人，吃過幾兩苔菜，便經常「折磨」曾經共事的安徽同事。她們是淮南人，本來對渦陽產的苔菜也不熟悉，我便經常笑她們不是安徽人。

　　不是不報，時候未到。一次她們回家，來的時候專門帶了老家的特產「香辣醬豆」給我吃，我覺得像是裹了辣椒醬的水豆豉，遭到一片譏笑。我便也面上訕訕，給她個機會讓她幫我做培訓。

　　這醬豆很家常，聽著做起來也不難。一定要選顆粒飽滿的黃豆，然後挑市面上最紅最辣的乾辣椒，碾成細粉，越細越好。其他還要準備花椒粉、大蒜、五香粉、鹽，還要煉點油。先把黃豆洗個三五遍，用溫水浸泡五、六個小時，撈去鐵豆子，剩下的等泡膨脹了，搓去豆子皮。然後把去皮黃豆放在鍋裡使勁煮，煮到一捏豆子就碎了才行。撈出豆子瀝乾水，再放到蒸籠裡蒸。這時我打斷她：「你們安徽人跟黃豆有仇呀，這麼整治人家。」被打了一頓我老實了，接著聽。蒸好的豆子要趁熱放在乾淨罈子裡，放在陰涼地裡等它長毛。一般三五天，豆子表面都是白毛，這時候把豆子掏出來放到乾淨盆裡，把煉好的油、花椒面、大蒜末、五香粉、鹽和豆子拌勻，直到每個豆粒都裹勻了，醬豆就做成了。

　　同事接著問：「知道醬豆什麼味嗎？」我掙扎著說：「知道。說不出來的一種香，辣得可過癮啦。可是又不是乾辣，油乎乎的，可香啦。呃，就是有點鹹。」「你怎麼知道的？」同事突然反應過來，看著已經空了半

瓶的醬豆，瞪我的時候我還直對她翻白眼。她也不生氣，就是啊，誰吃了兩碗米飯、半瓶醬豆不撐得翻白眼啊？

後來跟著她們一起去淮南招募人員，又被她們帶著去吃了牛肉湯，也是大愛。雖然是湯，但是不是喝，而是吃，吃的還挺帶勁，我們慢慢說。

淮南牛肉湯，是淮南那些菜市場裡的小店做得最好。這就是小吃，帶著鄉土氣，然而這種鄉土氣，是有根基的，支撐它們在民間活了上百年。不相信你問一個淮南人，離開家你最想念什麼？ 10 個裡面有 8 個說是牛肉湯。

牛肉湯哪裡沒有啊？淮南的還就是不一樣。淮南顧名思義，在淮河南岸，這就先占了自古富庶的先機。而淮南當地古溝一帶是回民聚居區，牛肉首先保證了是產地優質牛肉。「唱戲的腔，做菜的湯」，老話都是真理。淮南牛肉湯要先用牛骨頭熬個湯清味濃，然後把牛肉用流水泡透血汙，再加上內臟在湯裡同煮。

再用自己加工好的牛油，炸好紅辣椒，做成紅油，那絕對比我們超市裡的辣椒油味濃且香。如果僅僅是這個，也還不算特別出眾。關鍵是配料裡還有兩樣，那真是除了淮南不可匹敵。這第一樣是粉條，淮南的粉條煮好了那真是透亮、彈性好、味道足。這第二樣是豆腐皮。豆腐哪裡發明的？淮南王劉安啊。在哪發明的？淮南八公山啊。你說淮南的豆腐皮能不好嗎？

牛肉湯吃也有講究，來客的時候，再用滾燙的牛肉湯燙粉條、豆腐皮，一滾當三鮮，然後再切好牛肉片，一碗上桌，真是熱騰騰、香噴噴。

也不光喝湯，還要配上特製的蔥花餅，兩面都焦脆脆的，透著濃郁的蔥香，吃口餅、喝口湯，你也就知道為什麼淮南人那麼愛他們的牛肉湯啦！

● 簡陽羊湯

著名美食評論家董克平老師曾經做過北京廣播電臺的編輯，那幾年他超級愛喝簡陽羊湯。說到羊湯，我們山西人也是鑑定高手，因為我們的羊湯也是很出名的。經我親自「以身試法」，果真，簡陽羊湯味道好極了。

簡陽是四川的一個縣級市，歸屬成都市管轄。特別是成都新機場建成後，大部分的國際航班都由簡陽機場起降，簡陽迎來了一個發展期。其實簡陽也是一個古城。四川很多城市都以「陽」命名，古時候稱一個地方，山南水北叫陽，這基本是一個命名規則。但是簡陽的得名和此無關，簡陽叫做簡陽不過 100 年的歷史。

簡陽以前叫做簡州，不帶「陽」字。1913 年，全國廢棄府、道、州的區劃，四川所有帶「州」的地方全部改名。因而，綿州改名為綿陽，資州改名資陽，簡州改名為簡陽。但並不是所有州都改為陽了，比如漢州改為廣漢、邛州改為邛崍。綿陽因為位於棉山之南，因此改名綿陽。簡陽因為古時候曾經是陽安郡所在地。取簡州和陽安的首字，改名為簡陽。

名字變了，物產也有所發展。簡陽屬於丘陵地貌，原產山羊，體格強健。1940 年代，宋美齡女士出訪美國時，美國總統夫人贈送她 40 隻努比亞山羊，歸國後，放養在成都平原龍泉山脈一帶。這些努比亞山羊與本地

山羊雜交後形成了更為優異的後代，毛色呈現亮麗的黃褐色或棕紅色，耳朵很大，因而籠統地稱為「簡陽大耳羊」，是非常優質的肉用山羊。

有了好的食材，自然會衍生出美食。簡陽羊湯應運而生。傳統的四川簡陽羊湯分清湯和白湯兩種。清湯即清水直接加羊肉煮熟。白湯就複雜了。煮羊肉前先煮羊骨架，直到熬製湯呈乳白，感覺黏稠時下調味料，然後再煮羊肉。不管清湯、白湯，能把膻味壓住的就是好湯，不僅要沒有膻味，還要提出香味來。

實際上，做任何羊肉食品，首先最重要的是羊好。內蒙的羊好，因為經常吃沙蔥，所以膻味極小，這才能做白水手把肉，否則還不膻死你。簡陽大耳羊的膻味也小，不僅是因為血脈的關係，同樣得益於環境。簡陽的野生植物眾多，其中很多是中草藥，簡陽山羊就是吃這些長大。另外，近幾十年來，簡陽羊湯的做法越來越講究，人們將切好的熟羊肉回鍋爆炒，再加進一些調味料，味道比原來更鮮。做簡陽羊湯，先單獨煮好羊肉，然後準備回鍋爆炒。羊肉入鍋爆炒前先放入兩條鯽魚油炸，那魚羊一鍋，活脫脫是鍋裡煮著一個「鮮」字了。炸好了鯽魚，接著用鹽、胡椒粉、茴香粉爆炒羊肉，鍋氣起了，就加入老羊骨湯和剛才炸過的鯽魚一起煮，煮到湯濃稠白，就可以盛在碗裡了。吃的時候，要準備調味碟，四川人叫「打個海椒碟子」，裡面是蔥花、辣椒麵、鹽、花椒粉等等，但是唯獨沒有香菜。簡陽人認為，香菜味道過於濃郁，反而遮蓋了羊湯的鮮美。

一碗簡陽羊湯，湯質奶白，稠濃發黏，好像有膠質般，羊肉細嫩、肥而不膩，喝到胃裡，舒舒服服渾身發散暖意，令人很久之後仍然十分懷念。

吃貨筆記，挖掘「接地氣」的美味：肉夾饃、鼠麴粿、鹽水鴨、棺材板、蟹粉小籠包……上班身心俱疲，只好用美食療癒自己

作　　者：李韜

發 行 人：黃振庭

出 版 者：崧燁文化事業有限公司

發 行 者：崧燁文化事業有限公司

E-mail：sonbookservice@gmail.com

粉 絲 頁：https://www.facebook.com/
　　　　　sonbookss/

網　　址：https://sonbook.net/

地　　址：台北市中正區重慶南路一段六十一號八
　　　　　樓 815 室

Rm. 815, 8F., No.61, Sec. 1, Chongqing S. Rd.,
Zhongzheng Dist., Taipei City 100, Taiwan

電　　話：(02)2370-3310

傳　　真：(02)2388-1990

印　　刷：京峯數位服務有限公司

律師顧問：廣華律師事務所 張珮琦律師

定　　價：330 元

發行日期：2023 年 10 月第一版

◎本書以 POD 印製

Design Assets from Freepik.com

國家圖書館出版品預行編目資料

吃貨筆記，挖掘「接地氣」的美味：肉夾饃、鼠麴粿、鹽水鴨、棺材板、蟹粉小籠包……上班身心俱疲，只好用美食療癒自己 / 李韜著 . -- 第一版 . -- 臺北市：崧燁文化事業有限公司 , 2023.10
面；　公分
POD 版
ISBN 978-626-357-661-2(平裝)
1.CST: 飲食風俗 2.CST: 中國文化
538.782　112014759

電子書購買

臉書

爽讀 APP